OEUVRES

DE

J. J. ROUSSEAU.

CORRESPONDANCE

ORIGINALE ET INÉDITE

DE J. J. ROUSSEAU

AVEC

MME. LATOUR DE FRANQUEVILLE
ET M. DU PEYROU.

TOME SECOND.

A PARIS,

CHEZ GIGUET ET MICHAUD, IMPRIMEURS-LIBRAIRES;
ET A NEUCHATEL, CHEZ L. FAUCHE-BOREL, LIBRAIRE.

AN XI. — 1803.

CORRESPONDANCE

ORIGINALE ET INÉDITE

DE J. J. ROUSSEAU.

(*De Marianne.*)

Le 3 juillet 1765.

J'AI eu tort, j'en suis plus persuadée que jamais; je viens de relire les lettres de la Montagne. *L'homme le plus juste*, y est-il dit, *quand il est ulcéré, voit rarement les choses comme elles sont.* Je ne me flatte pas d'être aussi juste que cet homme-là, et, quand je vous ai blâmé, j'étois ulcérée. Peut-être avois-je tort; quoi qu'il en soit, je vous aime trop pour vous dire ce qui aliénoit mon jugement. Mais une faute si constamment reconnue, si souvent avouée, tant de fois réparée, si long-temps expiée, ne pourra-t-elle

jamais trouver grâce auprès de vous? Je ne puis le concevoir; et ne pensez pas que ma raison, encore offusquée par le trouble de mon imagination, me fasse juger votre conduite envers moi aussi ridiculement que je jugeai, pour mon malheur, votre conduite envers le public, ou plutôt envers vous-même. Je suis calme sur l'objet qui m'avoit émue; le bandeau tombé, ma vue n'en est devenue que plus perçante. D'ailleurs, mon ami, la fille aînée de M. Breguet, Mme. Prieur enfin, qui, à titre de confidente de mes peines et de mes plaisirs les plus intimes, sait tout ce qui se passe de vous à moi, trouve, ainsi que moi, l'éternelle durée de votre ressentiment incompréhensible. Je veux, pour vous le prouver, transcrire ici ce qu'elle m'en écrivit, en me renvoyant la dernière lettre que je vous ai adressée. « J'ai admiré à quel point
» ta délicatesse s'est augmentée à l'égard de
» ton illustre ami. Il n'y a que ce principe qui
» puisse causer l'incertitude où tu es sur l'effet
» que ta lettre produira sur son cœur. Peut-
» être sera-t-il étonné que la crainte de le trou-
» ver ingrat t'ait fait supposer dans son carac-
» tère les vues d'un scélérat; mais cette suppo-
» sition est entourée de tant de choses honnêtes,

» que malgré ma prévention contre ta lettre,
» je n'y ai pas trouvé une phrase qui n'exprimât un sentiment flatteur. » Cette prévention étoit la suite de l'improbation que mon amie avoit donnée à l'excès de sensibilité qui m'avoit indisposée contre vous. « Si l'ame de ton ami
» n'est pas remuée par la force de tes représentations, si son cœur ne s'échauffe pas à
» la douce chaleur de ses reproches, ce sera
» une preuve de l'altération de ses organes ;
» car, fût-il le plus pervers de tous les hommes,
» son orgueil lui inspireroit de se montrer sensible aux témoignages de ton invincible attachement. Nous verrons donc, ma chère
» amie, qui de nous deux aura mieux connu
» cet intéressant personnage ; mais je ne me
» consolerois pas si l'évènement détruisoit mon
» heureuse prévention. Il faudroit brûler nos
» livres comme des recueils d'impostures, plus
» propres à nous inspirer de la haine pour leur
» abominable auteur, que de l'amour pour les
» fausses vertus que son cœur affectoit. Cher
» Jean-Jacques, jamais, jamais cette horrible
» idée ne sera réalisée par toi. »

Voilà, mon ami, comment une personne douée d'une ame tendre, et d'un esprit si juste et si éclairé, que la plus ardente amitié ne sauroit le séduire, s'explique sur notre position respective. Il est vrai que les gens d'un sens droit sont les plus sujets à se tromper, parce qu'ils présument toujours ce qui doit être; mais quand il s'agit de vous, est-ce une raison de se défier de leurs idées? Vous me direz peut-être que l'opinion que mon amie et moi pouvons prendre de vous, vous est très-indifférente. Fort bien; mais vous, homme sensible et moraliste austère, quand votre cœur et votre conscience vous accuseront de punir avec une sévérité outrée, une erreur qui ne vous a porté aucun préjudice, et dont le plus vif repentir me fait peut-être une vertu, quelle passion en vous sera assez éloquente pour leur répondre? La vengeance parlera-t-elle plus haut qu'eux? Et quand cela seroit, en étouffant leurs plaintes, cicatrisera-t-elle leur blessure? Comment vous pardonnerez-vous de ne vous être pas laissé vaincre par l'expression de mes regrets, de vous être refusé à mes empressemens, d'avoir tenu à des protestations d'attachement qu'il faut bien, après tout, que vous croyez sincères; car je vous défie, tout habile que vous êtes, d'imaginer un intérêt qui pût m'engager à vous tromper?

Quoi! vous que je croyois perpétuellement occupé à faire le bien, soit par sentiment, soit par principe; vous, Jean-Jacques, vous vous complaisez à me faire du mal!..... Peut-être d'autres trouveroient-ils plus de dignité à cacher l'effet que produit sur moi votre refroidissement; pour moi, je mets la mienne à me montrer telle que je suis; je ne veux point vous braver, c'est la ressource des lâches. Votre silence m'affecte, mon ami; il m'affecte à un point qui vous rend bien coupable. J'ai beau me dire que la faute que j'ai faite ne pouvoit partir que d'un bon cœur, vous me faites craindre qu'elle n'ait corrompu ou démasqué le vôtre. Vous qui établissez avec tant d'équité, que la peine doit toujours être proportionnée à la nature et à la gravité du délit, n'auriez-vous pas dû borner votre ressentiment à l'accablante lettre que vous m'écrivîtes en réponse à celle dont vous aviez à vous plaindre? Le méprisant silence qui la suit, mis en opposition avec toutes les démarches que j'ai hasardées pour vous ramener, n'a-t-il pas fait disparoître depuis long-temps la proportion que vous exigez vous-même? Il est affreux de s'éloigner ainsi de ses propres maximes. De quelle utilité voulez-vous que me soient vos leçons, si vous les démentez par votre exemple ? Hélas ! pour prix d'une amitié si tendre, je serai donc la seule pour qui vous n'aurez rien fait ?..... Rien fait ! ah ! vous risquez d'anéantir en moi cette douce confiance qu'une ame honnête prend aux gens de bien, et d'où naît infailliblement l'émulation de les imiter. A quelle vertu croirai-je encore, si la vôtre n'est qu'un fantôme ? A quels beaux discours ajouterai-je foi ? Quelles bonnes actions ne me seront pas suspectes ? L'humanité même, si je ne la portois dans mon cœur, ne me paroîtroit qu'un vain nom, si vous me forciez de croire que cette plume célèbre d'où elle sembloit découler, n'étoit conduite que par la soif de la gloire. Mais tout cela ne sera point ; vous cesserez de vous montrer injuste. Mon esprit se perd, quand je veux chercher les raisons qui ont pu vous porter à soutenir ce rôle si long-temps. J'ai si peu mérité la rigueur dont vous usez envers moi, que si ce jeu cruel n'étoit indigne de vous, je penserois que vous vous amusez à observer par combien de moyens je tâcherai de regagner votre bienveillance. Revenez à moi, cher Jean-Jacques, il en est encore temps ; l'oubli de votre dureté n'attend qu'un mot de vous pour entrer dans mon cœur; tout ce que vous avez été pour moi, vous le pouvez être encore, même en me privant des plus précieuses marques de votre affection. Si la société à laquelle vous vous livrez à présent, vous laisse moins de temps que vos plus laborieuses occupations, si mon commerce vous devient à charge, dites-le moi, je me ferai justice; je n'ai pas plus le dessein que le pouvoir d'attenter à votre liberté; et, si vous me promettez de garder le souvenir d'un dévouement sans exemple, je regretterai en silence une correspondance dont j'ai si bien senti le prix; mais je ne puis endurer que vous finissiez avec moi comme avec une créature mésestimable. Sûre de ne l'être pas, je perdrois le plaisir de vous estimer, qui m'est devenu nécessaire; une douloureuse inquiétude s'étendroit sur le reste de mes jours; vous ne pourriez l'ignorer, et si le reproche d'avoir nui à son ennemi est insupportable à une conscience délicate, comment supporteriez-vous celui de nuire sans cesse à quelqu'un qui vous aime, plus que personne ne vous aimera jamais?.... Mais, dans ce cas-là, la vôtre ne le seroit pas. En vérité, la tête me tourne, je ne sais ce que je dis; mon penchant me ramène aux dépens de mon raisonnement, à vous supposer tel que vous devez être. Vous justifierez mes notions, cher Jean-Jacques; vous me pardonnerez; vous me rendrez mon ami; vous récompenserez une persévérance capable d'effacer les plus grands torts, et de fléchir le caractère le plus féroce...... Hélas! la vie se passe à souffrir, et l'on meurt, en disant *j'espère.*

Lettre de Mme. Prieur à J. J. Rousseau.

Le 4 août 1765.

L'AMIE de mon cœur, celle qui avec le plus sincère desir d'arrêter le cours de vos disgrâces, eut le malheur de vous blesser, cher et respectable auteur de *Julie* et d'*Émile*, est elle-même dans l'affliction : une maladie contagieuse (la petite-vérole et le pourpre) vient de lui enlever sa sœur unique. Si votre cœur n'étoit pas disposé à lui rendre toute son affection, la nature m'auroit trompée cruellement, en me donnant quelques traits de ressemblance avec vous. Mais non, votre portrait que je contemple souvent avec une tendre admiration, m'inspire cette douce confiance, que vous ne rejeterez pas les desirs réunis de deux amies, en qui vous avez augmenté l'amour de la vertu, et qui véneront à jamais votre personne.

(*De Rousseau.*)

A Motiers, le 11 août 1765.

Chère Marianne, vous êtes affligée, et je suis désarmé; je m'attendris en me représentant vos beaux yeux en larmes. Vos larmes sécheront, mais mes malheurs ne finiront qu'avec ma vie. Que cela vous engage désormais à les respecter, et à ne plus compter avec mes défauts, car vous auriez trop à faire, et à mon âge on ne se corrige plus de rien : les violens reproches m'indignent et ne me subjuguent pas. J'avois rompu trop légèrement avec vous, j'avois tort; mais, en me peignant comme un monstre, vous ne m'auriez pas ramené ; je vous aurois laissé dire, et je me serois tu, car je savois bien que je n'étois pas un monstre. Quand nos amis nous manquent, il faut les gronder, mais il ne faut jamais leur mettre le marché à la main sur l'estime qu'on leur doit, et qu'ils savent bien qu'on ne peut leur ôter, quoi qu'il arrive. Pardon, chère Marianne, j'avois le cœur encore un peu gros de vos reproches, il falloit le dégonfler. A présent, tâchons d'oublier nos enfantillages;

laissez-moi me dire mon fait sur les miens, je m'en acquitterai mieux que vous. Après cela, pardonnez-moi, n'en parlons plus, et aimons-nous bien tous trois. Ce dernier mot servira de réponse à votre amie; j'espère qu'elle ne la trouvera pas trop courte : je ne voudrois pas avoir dit ce mot-là même, si je la soupçonnois de croire qu'on peut dire plus.

Je dois des ménagemens à votre tristesse, et ne veux point vous parler de mon état présent; mais, si de long-temps je ne peux vous écrire, n'interprêtez pas ce silence en mauvaise part.

CORRESPONDANCE

(De Marianne.)

Le 6 septembre 1765.

Mon ami, c'est sans doute un grand bien que le retour de votre affection ; mais à quoi le dois-je, grand Dieu ? A un évènement qui m'y rend presqu'insensible. Le plaisir ne prend pas sur un cœur imbibé de peine ; mes yeux, fixés depuis long-temps sur le plus affreux spectacle, se refusent involontairement aux objets agréables ; le charme attaché à l'amitié, est devenu pour moi une source de regrets. La nécessité de perdre ou de quitter ce que j'aime, me fait craindre de serrer les liens qui me restent encore, et je n'imagine plus de bonheur que dans l'indifférence ; aussi, je vous l'avoue, l'effet que votre lettre a produit sur moi, n'est rien, en comparaison des puissantes émotions que ce qui vient de vous excite ordinairement dans mon ame. Le mouvement qui vous ramène à moi, dans la plus cruelle circonstance de ma vie, m'a paru digne de vous ; mon estime en a redoublé ; j'ai applaudi à votre conduite, autrefois elle m'eût enchantée. Quelle différence de la réflexion à l'enthousiasme ! Mais le moyen d'être capable d'enthousiasme, quand toutes les facultés de l'ame sont affaissées par la douleur, quand la santé est affoiblie et la tête épuisée par l'insomnie et par les larmes ? Le découragement s'est si bien emparé de moi, que je n'ai pas encore rendu un seul des importuns devoirs que l'usage impose dans la triste situation où je suis. Vous n'en avez pas l'idée, cher Jean-Jacques, de ma situation, vous ne pouvez pas l'avoir; tant de particularités inouies en aggravent l'horreur, que qui ne sait que la mort de mon infortunée sœur, ne sauroit juger de l'étendue du malheur qui m'accable. Ce n'est point par une réserve injurieuse à notre amitié, que je ne m'explique pas davantage, mon illustre ami ; si je pouvois vous voir, et que vous desirassiez de connoître tous mes maux, rien n'échapperoit à l'intérêt que vous daigneriez y prendre. Mais comment entrer dans de pareils détails, dans une lettre que j'ai bien de la peine à faire sans eux ? O mon ami ! qu'il est affreux de voir périr dans la vigueur de son âge, par les souffrances les plus aiguës, l'unique reste d'une famille tendrement chérie ; de perdre à la fois sa sœur et son amie, de devoir à sa confiance la connoissance du chagrin qui creuse son tombeau; d'en recevoir, après qu'elle y est descendue, les plus déchirantes marques de tendresse, et d'être obligée de regarder comme le plus heureux de ses jours, celui qui termina sa vie! Que vous dirai-je encore, cher Jean-Jacques? Hors le sujet de mon désespoir, je ne sais rien traiter; hors le regret qui me dévore, et la crainte qui me glace, tous mes sentimens sont foibles: vous avez augmenté ce dernier par l'incertitude où votre cruelle discrétion me laisse sur votre état. S'il vous est possible de me donner de vos nouvelles, ne le négligez pas. Dans l'extrémité où je suis réduite, rien ne peut faire mon bonheur; mais si je puis encore goûter quelques instans de joie, sans doute je dois les tenir de vous. Adieu, mon cher Jean-Jacques.

Ma seule amie, celle qui a eu la délicate attention de vous apprendre mon désastre, m'a chargée de vous dire qu'elle auroit été bien fâchée que la réponse qu'elle a reçue de vous eût été plus longue, et que le nombre de *trois* est à jamais sacré pour son cœur.

(*De la même.*)

Traduction d'une lettre écrite en italien.

Le 21 décembre 1765.

On dit par-tout que vous êtes à Paris; si cette importante nouvelle est vraie, pourquoi me la laissez-vous ignorer ? Comment la voix publique arrive-t-elle à moi avant la vôtre ? Voulez-vous ajouter à tant de peines, à tant de regrets qui me tuent, le déplaisir mortel de n'avoir pu acquérir votre confiance ? Me croyez-vous capable de trahir votre secret ? Vous avez donc oublié combien je vous estime ? Vous ne craignez donc pas de perdre la seule occasion de me voir, que, peut-être le destin vous accordera dans votre vie ? Hélas ! je le vois avec douleur, mon cœur aura toujours à se plaindre du vôtre. Avec tout cela, rien ne pourra jamais m'éloigner de vous; l'illustre ami dont le génie éclaire, élève, enchante mon esprit, ne sauroit être l'objet de mes reproches, et le même sentiment qui me fait souffrir de votre indifférence, m'empêchera d'en murmurer.

Je m'exprimerois sans doute mieux dans ma langue naturelle; mais j'ai préféré celle-ci, parce qu'elle vous plaît. D'ailleurs, beaucoup de mots peuvent, sans me nuire, échapper à mes recherches, quand c'est à vous que je parle. Je vous ai aimé, je vous aime, je vous aimerai, l'amitié m'offre toujours ceux-ci ; daignez les entendre, j'en aurai assez dit.

(*De la même.*)

Le 23 décembre 1765.

J'ai entendu dire que vous étiez à Paris, mon cher Jean-Jacques, je n'ai pu le croire, puisque je ne le savois pas par vous-même. Cependant, pour ne rien négliger, ne sachant où vous prendre, j'ai adressé une lettre pour vous à Mme. la maréchale de Luxembourg ; si cette dame n'est pas mieux traitée que moi, ma précaution a été inutile...... Je viens d'acquérir la certitude de votre séjour ici ; le plaisir de vous savoir si près de moi est cruellement balancé par votre désobligeant silence. Comment se peut-il, mon ami, que vous n'ayez pas assez de confiance en moi pour me communiquer cet intéressant secret ? Vous ne savez pas si je suis discrète, me direz-vous ; mauvaise excuse ; toutes les vertus se tiennent, et j'ose dire qu'étant ce que vous me connoissez d'ailleurs, vous n'êtes pas fondé à soupçonner ma prudence. De plus, mon attachement pour vous me tiendroit lieu de principes, si j'avois le malheur d'en manquer : ce qui vous intéresse est sacré pour moi ; pour le coup, vous ne pouvez l'ignorer. Il est inconcevable qu'avec l'amitié dont vous m'avez cent fois assurée, vous soyez à quatre pas de moi sans desirer de me voir, sûr comme vous l'êtes de n'en retrouver l'occasion de votre vie ; que vous ne daigniez pas m'écrire un mot ; que vous en agissiez de tout point avec moi comme avec vos plus grands ennemis. Si quelque chose pouvoit me consoler d'un procédé aussi dur, ce seroit l'assurance de ne le pas mériter ; mais rien ne peut adoucir le chagrin que vous me donnez, en me prouvant aussi incontestablement que vous avez cessé de répondre aux sentimens inouis qui m'attachent à vous. Oui, *inouis*, je ne le dis point au hasard ; quelque supérieur que soit votre mérite, quelque rares que soient vos vertus, quelqu'enchanteresses que soient les grâces de votre esprit, ce n'est pas pour moi que vous êtes ce que vous êtes ; et où trouve-t-on des gens qui tiennent compte de ce qu'on ne fait pas pour eux ? Vous êtes vous-même bien loin de-là, mon cher Jean-Jacques, puisque vous avez oublié le vif, tendre et constant intérêt que j'ai toujours pris à vous, malgré l'inégalité de votre conduite envers moi ; ou que, vous en souvenant, vous refusez de m'en accorder la récompense. Il étoit difficile, mon désespérant ami, que vous me fissiez une injure plus sensible que celle dont je me plains; malgré cela, je vous aime autant que jamais, et je puis répondre, après cette épreuve, que je vous aimerai toute ma vie. Voyez si cela vous justifie, ou plutôt, mon cher Jean-Jacques, faites-moi voir que ma persévérance vous a vaincu.

(*De Rousseau.*)

A Paris, le 24 décembre 1765.

J'ai reçu vos deux lettres, Madame ; toujours des reproches ! Comme, dans quelque situation que je puisse être, je n'ai jamais autre chose de vous, je me le tiens pour dit, et m'arrange un peu là-dessus.

Mon arrivée et mon séjour ici ne sont point un secret. Je ne vous ai point été voir, parce que je ne vais voir personne, et qu'il ne me seroit pas possible, avec la meilleure santé et le plus grand loisir, de suffire, dans un si court espace, à tous les devoirs que j'aurois à remplir. C'en seroit remplir un bien doux d'aller vous rendre mes hommages ; mais, outre que j'ignore si vous pardonneriez cette indiscrétion à un homme avec lequel vous ne voulez qu'une correspondance mystérieuse, ce seroit me brouiller avec tous mes anciens amis de donner sur eux aux nouveaux la préférence ; et, comme je n'en ai pas trop, que tous me sont chers, je n'en veux perdre aucun, si je puis, par ma faute.

(*De Marianne.*)

Le 24 décembre 1765.

Votre *séjour ici n'est point un secret*, Monsieur, et vous ne me donnez point votre adresse. Je sens ce que cela veut dire, et mon cœur en souffre encore plus que mon amour-propre. Comme il est présumable que j'ignorerai le moment de votre départ, et le lieu que vous choisirez pour y fixer votre demeure, j'ai encore recours à M. de Lu..... pour vous faire parvenir cette lettre, parce que, quelque jour que vous partiez, et en quelque lieu que vous alliez, je ne veux pas que vous emportiez la crainte d'être encore importuné par mes reproches. Non, Monsieur, je ne vous en ferai de ma vie. Je me rends justice; votre bienveillance étoit une faveur, dont je n'ai pu tirer le droit d'exiger que vous continuassiez à me traiter avec quelque distinction. Il est bien vrai que cette distinction auroit beaucoup contribué à mon bonheur; mais il n'est pas naturel qu'elle coûte quelque chose au vôtre. J'ai cru que vous m'aimiez, parce que vous me l'aviez dit, parce que je le souhaitois, parce que je croyois le voir, même dans la facilité que vous aviez à vous indisposer contre moi : cela a été sans doute; vous êtes incapable de me tromper; cela n'est plus, les circonstances changent les hommes; rien ne pourroit m'arriver de plus heureux que d'éprouver leur influence. Je ne l'espère pas; mais je puis vous répondre que vous n'entendrez parler de moi qu'après ma mort, à moins qu'un retour de bonté ne vous engage à me demander de mes nouvelles. Adieu, *Monsieur;* je me sers de cette expression, parce que je dois prendre le ton que vous me donnez, quoiqu'il répugne à ma façon de penser pour vous. Je souhaite que vous conserviez tous vos amis ; que vous en acquerriez encore davantage; qu'ils soient plus heureux que moi; et, sur-tout, que vos infortunes, vos maux et vos froideurs ne leur coûtent pas tant de larmes.

(*De la même.*)

Le 28 décembre 1765.

Mes idées, dont vous avez disposé tant de fois, sont absolument changées depuis la dernière lettre que je vous ai écrite, mon cher Jean-Jacques; M. du Terreaux m'a rendu le courage de me présenter chez vous, en m'assurant que vous me verriez sans peine. Je suis à votre porte. Si vous êtes seul, et qu'il vous soit possible de me recevoir, je serai enchantée de faire une plus ample connoissance avec vous. De grâce, ne soyez pas fâché contre moi d'avoir choisi cette heure; je sais bien que vous n'êtes visible que depuis neuf jusqu'à midi, et depuis trois jusqu'à six; et voilà la raison de mon choix. Je suis naturellement si timide; votre présence m'en imposera tant; je serai si décontenancée, si bête, si mal à mon aise, que je serois au désespoir de trouver du monde chez vous. Au reste, mon cher Jean-Jacques, je serois bien fâchée que ma personne vous importunât autant que mes lettres : si ma visite vous contrarie, ayez seulement la complaisance de me faire dire quel jour, et à quelle heure il vous conviendra que je revienne. Considérez cependant qu'il fait un temps affreux ; que bientôt les chevaux ne pourront plus aller ; et que si cet obstacle ou quelqu'autre m'empêchoit de profiter, pour vous voir, du séjour que vous faites ici, je ne m'en consolerois de ma vie. J'attends votre réponse.

Réponse.

Je ne suis pas seul, Madame, ce qui n'empêchera pas que je ne vous reçoive avec le plus grand plaisir, si vous jugez à propos d'entrer.

(*De Marianne.*)

Le 1ᵉʳ. janvier 1766.

Ma réserve me donne l'air d'épargner des frais que mon amitié ne demande qu'à faire vis-à-vis de vous, mon cher Jean-Jacques. Je ne vous rappelle point une promesse que je n'ai pas oubliée un seul instant. Me saurez-vous gré de mon silence ? S'il sert de preuve à l'empressement qu'il cache, mon cœur sera bien payé du sacrifice qu'il vous fait. Enfin, je vous ai vu, mon intéressant ami ! mais il y a déjà quatre jours qui m'ont paru plus longs que les quatre années qui les ont précédés. Que sera-ce donc, quand les mers et l'abus de l'autorité, plus redoutable qu'elles, nous auront séparés pour jamais ? Mon cher Jean-Jacques........ mais ne perdons point l'espérance ; le ciel doit des dédommagemens à un sentiment aussi vif, aussi pur, aussi traversé que celui dont il a voulu que je me pénétrasse pour vous ; et je les lui demande avec d'autant plus d'assurance, que je ne les puis trouver que dans votre bonheur.

(*De Rousseau.*)

Le 2 janvier 1766.

Je pars, chère Marianne, avec le regret de n'avoir pu vous revoir. Je n'ai pas plus oublié que vous ma promesse; mais ma situation la rendoit conditionnelle : plaignez-moi sans me condamner. Depuis que je vous ai vue, j'ai un nouvel intérêt de n'être pas oublié de vous. Je vous écrirai, je vous donnerai mon adresse. Je desire extrêmement que vous m'aimiez, que vous ne me fassiez plus de reproches, et encore plus de n'en point mériter. Mais il est trop tard pour me corriger de rien ; je resterai tel que je suis, et il ne dépend pas plus de moi d'être plus aimable, que de cesser de vous aimer.

(*De Marianne.*)

Le 4 septembre 1766.

Mon cher Jean-Jacques, indignée des bruits que la calomnie a répandus depuis quelque temps sur votre compte, et bien sûre de trouver la confirmation de mes idées sur celui de M. Hume, dans votre lettre à M. Guy, j'ai été le prier de me la communiquer. Ma physionomie annonce apparemment un cœur qui vous est dévoué; car cet honnête homme m'a fait l'accueil le plus distingué ; et il m'a bien l'air de recevoir mal vos ennemis. Les infidélités que vous avez sans doute éprouvées, puisque vous vous plaignez du silence de vos meilleurs amis, m'ont déterminée à lui demander s'il vouloit bien se charger de vous faire passer une lettre. Il m'a répondu qu'oui, et il a ajouté que s'il savoit mon adresse, il l'enverroit prendre chez moi. Je lui ai répondu qu'il la sauroit aussitôt que je me serois nommée, parce qu'il m'avoit envoyé de votre part, vos trois derniers ouvrages. Il se l'est rappelé, et m'a assurée qu'il les avoit remis lui-même à mon portier, ne s'en rapportant à personne, quand il s'agissoit de remplir vos intentions. Il m'étoit bien difficile de résister à une occasion si séduisante, mon illustre ami : j'y ai cédé, je vous écris ; j'espère que vous pardonnerez cette démarche peut-être un peu hasardée, à un attachement que son espèce rend si rare, et que son objet devoit rendre si commun. Souffrant, persécuté, dégoûté du commerce des hommes, malgré votre pente à les aimer, il est tout simple que vous me confondiez dans la foule : mais je dois m'en distinguer ; je ne puis vous savoir malheureux, vous admirer, vous plaindre, et vous le laisser ignorer. Pourquoi me refuserai-je la douceur de vous le dire ? Les marques du tendre intérêt que je prends à votre sort, ne peuvent l'empirer : les clameurs de l'envie ne couvriront peut-être pas la voix de l'amitié ; et si elle parvient jusqu'à votre cœur, sans doute il se plaira à l'entendre. Mon cher Jean-Jacques, combien il seroit à souhaiter que tous ceux dont l'opinion peut influer sur votre tranquillité, fussent disposés pour vous comme moi ! Je récuserois le témoignage de mes propres yeux, s'ils se laissoient frapper par des apparences désavantageuses à votre caractère. Je crois fermement que tous les torts sont du côté de vos adversaires ; et je sens que, quand vous en auriez quelques-uns, ils seroient tous surpassés par celui de se déclarer contre vous. Vous savez, mon ami, à combien de titres vous occupez le public, et vous ne pouvez douter que votre démêlé avec M. Hume, ne fasse ici le plus grand éclat; mais, ce que vous ne pouvez savoir, c'est jusqu'à quel point il est désagréable, pour quelqu'un qui vous aime, d'être obligé de s'en rapporter à des discours vagues, différens, même contradictoires; c'est-à-dire, de ne rien croire sur le fond de ce qui vous regarde. J'ai bien peur que vous ne m'entendiez trop, mon cher Jean-Jacques: si cela est, ne vous fâchez pas contre moi : on peut desirer un bien sans y prétendre. Au reste, n'imaginez pas que le déchaînement, que la méchanceté s'efforce d'exciter contre vous, soit général : malgré la licence des opinions, et la perversité des mœurs, qui caractérisent notre siècle, il y a encore des esprits dont la trempe résiste à la contagion. Tous ceux qui ont l'ame sensible, le cœur droit et la tête saine, tiennent pour vous; et, si ce n'est pas le plus grand nombre, c'est celui qui mérite d'être compté.

Je n'ai point oublié que vous m'aviez promis

de me donner votre adresse; et j'avoue que cette promesse m'imposoit d'attendre de vos nouvelles, pour vous donner des miennes. Mais, le moyen d'espérer que vous l'effectuyez! A mon avis même, elle ne vous oblige plus. Quand vous me l'avez faite, vous ne prévoyiez pas tout ce que votre départ pour l'Angleterre vous préparoit d'occupations et de tourmens. Les leçons qu'un bon cœur reçoit de la perfidie des hommes, ne le mettent en garde contr'elle, que jusqu'à l'occasion de s'y livrer. Le mien ne variera jamais pour vous, mon cher Jean-Jacques. Je vous le dis, parce que cela est vrai, bien plus que pour vous faire plaisir, car je sens bien que mon affection pour vous, toute vive, toute sincère, toute constante qu'elle est, ne peut faire le contre-poids des adversités qui vous accablent. Eh! pourquoi le ciel donne-t-il toujours moins de pouvoir pour servir que pour nuire? Cette assommante vérité fait mon éternel supplice.

Indépendamment des raisons de vous prévenir, que je vous ai déjà déduites, mon ami, au cas que votre bienfaisance l'emportant sur ce qui peut la retenir, vous voulussiez m'honorer d'une lettre, j'ai voulu vous avertir que je quitterai la rue de Richelieu le 27 octobre, pour aller demeurer *rue du Croissant, la premiere porte à gauche, en entrant par la rue du Gros-Chenet.*

Ma bonne amie m'a chargée de vous dire mille choses obligeantes de sa part. Personne n'a pour vous une vénération plus tendre : aussi ne parlé-je de vous avec personne plus à mon aise qu'avec elle. Eh ! l'aimerois-je autant que je l'aime, si elle n'étoit pas de vos plus ardentes admiratrices, moi qui suis l'ennemie née de tout ce qui ne vous rend pas justice ? Cette aimable fille mérite bien une part dans votre souvenir, car elle partage bien tous mes sentimens pour vous. Je suis bien sûre que M. du Terreaux me saura gré de vous parler de son attachement : il m'en parle assez souvent, et je le connois assez vrai pour en pouvoir répondre. Adieu, mon cher Jean-Jacques ; je ne vous dirai rien de tout plein de petits accès de jalousie qui m'ont tourmentée depuis que je ne vous ai vu : ce n'est pas assez de souffrir, il faut encore se taire, pour se punir d'avoir souffert.

Je vous demande grâce pour mon griffonnage : je n'ai ni l'esprit assez libre, ni assez de loisir pour recommencer.

Extrait d'une lettre de J. J. Rousseau à M. Guy, datée de Wooton.

Le 7 février 1767.

J'ai lu, Monsieur, avec attendrissement, l'ouvrage de mes défenseurs, dont vous ne m'aviez point parlé. Il me semble que ce n'étoit pas pour moi que leurs honorables noms devoient être un secret, comme si l'on vouloit les dérober à ma reconnoissance. Je ne vous pardonnerois jamais, sur-tout de m'avoir tû celui de la Dame, si je ne l'eusse à l'instant deviné. C'est, de ma part, un bien petit mérite : je n'ai point assez d'amis capables de ce zèle et de ce talent, pour avoir pu m'y tromper. Voici une lettre pour elle, à laquelle je n'ose mettre son nom, à cause des risques que peuvent courir mes lettres, mais où elle verra que je la reconnois bien. Je me flatte que j'aurois reconnu de même son digne collègue, si nous nous étions connus auparavant; mais je n'ai pas eu ce bonheur; et je ne sais si je dois m'en féliciter ou m'en plaindre, tant je trouve noble et beau que la voix de l'équité s'élève en ma faveur, du sein même des inconnus. Les éditeurs du *Factum* de M. Hume, disent qu'il abandonne sa cause au jugement des esprits droits et des cœurs honnêtes ; c'est là ce qu'eux et lui se gardent bien de faire, mais, ce que je fais, moi, avec confiance, et qu'avec de pareils défenseurs j'aurai fait avec succès. Cependant, on a omis, dans ces deux pièces, des choses très-essentielles, et on y fait des méprises qu'on eût évitées, si, m'avertissant à temps de ce qu'on vouloit faire, on m'eût demandé des éclaircissemens. Il est étonnant que personne n'ait encore mis la question sous son vrai point de vue ; il ne falloit que cela seul, et tout étoit dit.

Voici un fait assez bizarre, qu'il est fâcheux que mes dignes défenseurs n'aient pas su. Croiriez-vous que les deux feuilles que j'ai citées du *St.-Jame's Cronicle* ont disparu en Angleterre ? M. Davenport les a fait chercher inutilement chez l'imprimeur, et dans les cafés de Londres, sur une indication suffisante, par son libraire, qu'il m'a assuré être un honnête homme, et il n'a rien trouvé. Les feuilles sont éclipsées. Je ne ferai point de commentaire sur ce fait ; mais, convenez qu'il donne à penser. O mon cher M. Guy, faut-il donc mourir dans ces contrées éloignées, sans revoir jamais la face d'un ami sûr, dans le sein duquel je puisse épancher mon cœur ?

A Wooton, le 7 février 1767.

Je viens de recevoir, dans la même brochure, deux pièces, dont on ne m'a point voulu nommer les auteurs. La lecture de la première m'a fait chérir le sien, sans me le faire connoître. Pour la seconde, en la lisant, le cœur m'a battu, et j'ai reconnu ma chère Marianne. J'espère qu'elle me connoît aussi.

J. J. Rousseau.

(*De Marianne.*)

Le 20 février 1767.

Mon ami, vous m'affligez, et vous le savez bien. Vous savez bien que vous m'aviez promis de me donner votre adresse ; vous savez bien encore combien j'aurois été sensible à cette faveur, et vous ne me l'accordez pas. Cependant, comme cela ne prouve pas absolument que vous m'en croyiez indigne, je n'en murmure point ; car, hormis le mépris, je puis tout supporter de vous.

M. Guy m'a dit que vous lui aviez accusé la réception d'un paquet dans lequel il avoit mis une lettre que je vous écrivis le 4 septembre dernier. Vous l'avez donc reçue, cette lettre ? et vous ne me répondez point, et vous ne dites pas à M. Guy un seul mot qui me concerne ! Ah! cher Jean-Jacques, que je vous plains, si le temps et la douleur ont émoussé en vous ce tact exquis qui vous fit distinguer de la foule des hommages qui s'adressoient à vous, celui qui méritoit d'aller jusqu'à votre ame ! On vous a servi, on vous a recherché, on vous a loué, sans doute on vous a aimé, mais jamais, jamais personne n'a conçu pour vous un attachement pareil au mien; s'il ne lui est pas réservé de vaincre votre froideur, du moins il lui est donné de n'être pas vaincu par elle. J'avoue que ma tendresse n'a plus la même vivacité ; les regrets que m'a laissés la perte que j'ai faite, en altérant ma gaîté naturelle, portent la langueur dans toutes mes affections, mais elles n'en sont que plus profondes et plus propres à me tourmenter; je n'en saurois douter, puisque celle que vous m'avez inspirée m'occasionne autant de peines qu'elle m'avoit promis de plaisirs. Ne pensez pas, mon ami, que je veuille vous faire des reproches ; c'est à Mme. *** que j'en dois, et je ne lui en fais point, bien que je ne me dissimule pas le dommage qu'elle m'a causé. Sans elle, mon penchant concentré dans le fond de mon cœur, n'auroit jamais acquis le triste droit de se plaindre ; vous ne m'auriez pas prodigué, dans des momens plus heureux, les plus flatteuses espérances, et vous ne les tromperiez pas aujourd'hui. Le croiriez-vous, mon cher Jean-Jacques, mes lettres ont embelli votre solitude, suspendu vos chagrins, charmé vos souffrances, enchanté votre esprit : mon idée a rempli votre cœur; vous m'avez montré des inquiétudes si tendres, vous m'avez dit des choses si délicates, que l'amour seul pourroit avoir des émotions plus touchantes et un langage plus séduisant ? Il faut que vous ayez beaucoup changé pour ne retrouver en vous-même, dans vos instans de loisir, aucune trace d'un sentiment qui vous procura de si douces distractions. Si c'étoit le bonheur qui vous eût entraîné loin de moi, je trouverois dans la cause de votre changement un bien préférable à votre persévérance même; mais vous savoir plus malheureux que jamais, et n'être plus rien pour vous, c'est un état insupportable. Toutefois je suis bien éloignée d'exiger que vous fassiez pour moi ce que vous ne sentez pas le besoin de faire pour vous-même. Si le souvenir de votre amie n'ébranle plus votre imagination, si l'embrassement que vous me donnâtes quatre jours avant votre départ, n'étoit pas le gage d'une amitié sincère, si vous n'avez rien à me dire, ou bien, s'il est piquant pour vous d'éprouver jusqu'où ma constance peut se soutenir malgré votre indifférence, ne m'écrivez point. Je ne saurois vous dire si je vous aimerai encore long-temps, je ne le crois pas : les maux du cœur usent promptement le principe de la vie; mais je vous jure que je vous aimerai jusqu'à mon dernier soupir.

Extrait d'une lettre de J. J. Rousseau, écrite à M. Guy, de Wooton, le 14 mars 1767.

J'ai aussi reçu une lettre de mon aimable et généreuse avocate (car je suis parfaitement sûr que c'est elle, quoiqu'elle ni vous ne m'en disiez rien.) Elle doit assurément être exceptée de ma règle, et le sera. J'espère, en attendant, que vous lui avez remis le petit mot que je vous ai envoyé pour elle. Il étoit difficile que je me trompasse à sa plume, mais je l'ai reconnue encore plus sûrement à son cœur.

(*De Marianne.*)

Le 29 juillet 1767.

Vous imaginez bien, mon cher Jean-Jacques, qu'il m'est impossible d'avoir une occasion de vous demander de vos nouvelles et de n'en pas profiter. Où êtes vous? Que faites-vous? M'aimez-vous toujours un peu? Que vous répondiez ou non à ces questions intéressantes, je ne me repentirai point de les avoir faites; l'attachement qui les dicte empêche bien qu'elles ne soient indiscrètes, et quoi que vous fassiez, je ne croirai jamais que vous puissiez les désapprouver.

J'ai été enchantée, mon ami, du billet que vous m'avez fait tenir au mois de février. Il est donc prouvé que vous connoissez mon cœur; car ce ne peut être à mon style que vous m'ayez reconnue pour être l'auteur d'un des deux petits ouvrages qui tendoient à vous défendre. Sans la détention de M. Guy, il en auroit paru un second de moi, qui étoit déjà entre ses mains, et que j'ai retiré de celles de Mme. Duchêne, parce qu'une chose de cette espèce ne sauroit avoir de mérite que celui de l'*à-propos*. Qui que ce soit au monde ne l'a vu, si ce n'est M. Guy, et je l'aurois déjà brûlé, s'il n'y s'agissoit pas de vous. Vous pensez bien, mon illustre ami, que l'amour-propre que je pourrois mettre à plaider votre cause est trop réprimé par la médiocrité de mes talens, pour que je veuille faire courir dans la société, un écrit devenu inutile, puisqu'il ne peut plus vous servir. Je vous dis, à vous, qu'il existe, parce que c'est pour vous que je l'ai fait ; parce qu'il n'y avoit que l'ardeur de soutenir votre parti qui pût m'inspirer l'audace de me faire imprimer ; enfin, parce qu'à vos yeux, le zèle, même malheureux, est un mérite, et qu'à mon gré je n'en puis avoir assez auprès de vous. Adieu, mon cher Jean-Jacques ; croyez mes sentimens inaltérables, puisqu'ils sont à l'épreuve de votre silence sur ce qu'il y a au monde de plus touchant pour moi, votre sort, votre santé et votre façon de penser pour votre plus fidèle amie.

Extrait d'une lettre de J. J. Rousseau, à M. Guy, écrite de Normandie, le 6 août 1767.

Remerciez mon excellente amie, Mme. de L. T. de son petit billet, et dites-lui que les premiers épanouissemens de mon cœur seront pour elle ; je ne peux rien de plus quant à présent. Elle m'avoit envoyé son adresse, mais sa lettre est restée avec mes papiers, et il m'est impossible de m'en ressouvenir.

Ce 29 octobre.

Chère et respectable Marianne, ce n'est pas sans souffrir que je me suis abstenu si long-temps de vous écrire. Dans peu vous aurez de mes nouvelles par une voie sûre ; daignez attendre, et ne pas mal penser de votre ami.

(*De Marianne.*)

Le 25 novembre 1767.

M on ami, lorsque vous m'avez dit : *daignez attendre*, c'étoit sans doute mon empressement et non pas ma reconnoissance que vous vouliez contenir. Ainsi, je ne crains point de vous déplaire, en vous priant de recevoir mes remercîmens du *Dictionnaire de Musique* qu'on m'apporta de votre part le 22 de ce mois. Je n'ai pas besoin de vous dire comment je l'ai reçu ; puisque vous ne me devez rien, vos attentions pour moi prouvent que vous êtes bien sûr du prix que j'y sais mettre. Je ne vous demande point de vos nouvelles, persuadée à la fin que c'est le moyen d'en mériter. Adieu, mon cher et inestimable Jean-Jacques, caressez bien votre chien de ma part, et souvenez-vous du proverbe. Mon Dieu! que la saison devient rigoureuse! Je gèle déjà du froid que vous aurez.

(*De Rousseau.*)

A Trye, le 20 janvier 1768.

Lorsque je vous écrivis un mot, il y a trois mois, chère Marianne, j'avois le cœur plein d'espérances flatteuses qui se sont bien cruellement évanouies. L'interception d'une correspondance directe étant plus que probable, je comptois, entr'autres, épancher ce cœur dans le vôtre par une voie qui me paroissoit aussi sûre que douce. Il n'en est plus question : le ciel, qui veut qu'il ne manque rien à ma misère, m'ôte la plus précieuse consolation des infortunés.

> Sentir si oh Dio morir !
> E non poter mai dir
> Morir mi sento.

Il ne me reste plus qu'à prendre mon parti de bonne grâce, et je le prends, du moins irrévocablement. Je me condamne à un silence éternel sur mes malheurs, et je ferai tout pour en effacer le souvenir et le sentiment dans mon cœur même. Ma dernière consolation est d'approcher de leur terme ; et, comme ceux qui les veulent prolonger au-delà de ma vie, sont mortels aussi, ce terme ne sera qu'un peu reculé peut-être ; mais, enfin, le temps et la vérité reprendront leur empire ; et, quoique mes contemporains puissent faire, ma mémoire ne restera pas toujours sans honneur. La destinée du grand R......., avec lequel j'ai tant de choses communes, sera la mienne jusqu'au bout. Il n'a point eu le bonheur de se voir justifié de son vivant ; mais il l'a été par l'un de ses plus cruels ennemis, après la mort de l'un et de l'autre. Je compte trop, non sur mon bonheur, mais sur la providence, pour ne pas espérer au moins celui-là ; et il m'est doux de penser qu'un jour le nom de ma chère Marianne recevra les honneurs qui lui seront dûs, à la tête du petit nombre de ceux qui ont eu le courage de me défendre de mon vivant.

Je finis sur cette matière, pour n'y revenir de mes jours, et je vous supplie que ce soit aujourd'hui la dernière fois qu'il en sera question entre nous. Mais, donnez-moi quelquefois de vos nouvelles ; recevez des miennes avec bonté ; que ma digne avocate soit toujours mon amie, et qu'elle soit sûre que pour les services vrais, dont je fais cas, et rendus en silence, tels que celui que j'ai reçu d'elle, la reconnoissance de ce cœur qu'on traite d'ingrat, est des plus rares parmi les hommes, puisqu'elle se tourne toute en attachement.

Je crois que le mieux seroit de nous écrire directement; et, comme que ce soit, ne reparlons, dans aucune de nos lettres, du sujet de celle-ci. Je suppose que vous savez sous quel nom je suis connu ici.

(*Du même.*)

Ce 28 janvier 1768.

Je crains bien, chère Marianne, qu'une lettre que je vous écrivis, il y a dix ou douze jours, ne se soit égarée par ma faute, en ce que, m'étant très-mal à-propos fié à ma mémoire, qui est entièrement éteinte, au lieu de mettre sur l'adresse la *rue du Croissant*, je mis seulement la *rue du Gros-Chenet*. Ce qui augmenteroit mon chagrin de cette perte, est que j'entrois dans cette lettre, dans bien des détails que j'aurois desiré n'être vus que de vous. Peut-être aussi que votre silence ne vient que de ce que vous ignorez mon adresse. Elle est tout simplement, à *M. Renou, à Trye, par Gisors.* J'attends de vous un mot d'éclaircissement, et j'attends en même-temps des nouvelles de votre santé, et l'assurance que vous m'aimez toujours.

(*De Marianne.*)

Le 30 janvier 1768.

Je suis actuellement, à votre égard, mon cher Jean-Jacques, ce que vous fûtes au mien, dans un temps où notre commerce tenoit de l'enchantement; je ne sais de vous que ce que vous daignez m'en apprendre; et cela, non-seulement afin de n'être pas ballottée par cent contes ridicules, mais encore parce qu'il n'appartient qu'à vous de m'instruire sur un objet aussi intéressant que vous. J'ignore donc absolument sous quel nom vous êtes connu dans l'heureux canton que vous habitez (heureux, s'il vous est agréable toutefois; car je trouverois bien malheureux tout asile où vous ne vous plairiez pas); et, plutôt que de le demander, je confie encore cette lettre à M. Guy, que je prie instamment de saisir la première occasion de vous la faire passer. J'ai tremblé, en lisant la suscription de la vôtre, du danger que j'avois couru de ne pas la recevoir : mon adresse n'étoit pas exactement mise. Enfin, cette lettre m'est parvenue; et j'en ai d'autant plus loué Dieu, que la quantité de personnes qui portent mon nom, rend les méprises faciles et ordinaires.

Comptez-vous rester à Trye, mon illustre ami? ou faudra-t-il encore que les gages de mon souvenir franchissent un espace immense pour aller jusqu'à vous? Vous ne me dites rien de vos projets, de votre santé, de vos occupations; l'avenir, qui vous promit le dédommagement du passé, semble ne point fixer votre attention. A votre âge, mon ami, on a encore tant à vivre! on peut faire un si utile emploi de ses jours! On doit tout au monde, quand on a reçu du ciel autant que vous. Que je voudrois vous voir, même à présent, l'émulation d'un jeune homme qui entre dans la carrière! Mais, ce que je veux, par-dessus tout, c'est vous voir bien portant et tranquille.

Vous êtes trop bon mille fois, mon cher Jean-Jacques, d'imaginer me devoir quelque reconnoissance, pour le témoignage public que mon cœur vous a rendu. Pressée par la vérité, la tendresse et l'indignation, comment aurois-je pu me taire, ayant la faculté de parler? C'est moi qui vous dois des actions de grâces sans nombre, de la disposition favorable qui vous a fait passer par-dessus ma témérité, pour ne vous attacher qu'à mon zèle; cette disposition, à laquelle je suis si sensible, m'encourage à vous demander la permission de vous envoyer le manuscrit que la détention de M. Guy m'empêcha de mettre au jour : privée de l'espoir de vous servir, prix le plus flatteur que je puisse attendre de mes peines, il n'est pas juste que mon ouvrage ne soit pas au moins honoré d'un de vos regards. Cette complaisance vous prendra peu de temps; il n'est pas long. A la vérité, au sujet près, cette lecture peut être fort insipide pour tout autre; mais pour vous, Jean-Jacques, si votre esprit la rejette, votre cœur doit la goûter. Cependant, mon inestimable ami, si mes prétentions, à cet égard, vous paroissent excessives, vous savez qu'outre le droit de me juger, vous avez celui de me conduire. Donnez-moi vos ordres, votre adresse, et dites-moi quel nom je dois chérir. Mais faites tout cela bien à votre aise : si je desire avec vivacité, j'attends avec résignation; j'ai même du plaisir à croire que vous ne craignez point que mon amitié se ralentisse, quand vous différez des détails bien propres à la nourrir. Tel est le cours que vous avez fait prendre à mes idées : quant à ma façon de penser pour vous, elle est toujours la même, parce que vos malheurs ne pouvoient rien ajouter à l'impression de votre mérite. L'enthousiasme porte les sentimens à leur plus haut degré d'énergie chez tout autre, comme chez moi : ce qui distingue le mien, c'est qu'il est perpétuel.

Peut-être connoissez-vous des vers qu'on a faits, pour mettre au bas de votre portrait ; peut-être aussi ne les connoissez-vous pas ; à tout hasard, les voici :

>Rousseau, prenant toujours la nature pour maître,
>Fut de l'humanité l'apôtre et le martyr.
>Les mortels, qu'il voulut forcer à se connoître,
>S'étoient trop avilis pour ne pas l'en punir.
>Pauvre, errant, fugitif, et proscrit sur la terre,
>Sa vie à ses écrits servit de commentaire.
>La fière vérité, dans ses hardis tableaux,
>Sut, en dépit des grands, montrer ce que nous sommes.
>Il devoit, de nos jours, trouver des échafauds :
>Il aura des autels, quand il naîtra des hommes.

(*De la même.*)

Le 30 janvier 1768.

Je reçois dans l'instant votre lettre du 28, mon cher Jean-Jacques; celle du 20 m'est parvenue, malgré le vice de la suscription. Des mémoires à dresser, des consultations à faire, des réponses indispensables à rendre, des malheureux à écouter, m'ont empêchée d'y répondre jusqu'à ce matin, où je vous ai écrit une lettre que j'ai envoyée à M. Guy, qui m'a assurée que vous la recevriez lundi. Je suis bien fâchée de l'inquiétude que vous avez eue; mais si nous étions dans une correspondance aussi suivie que je le desirerois, je serois, à mon tour, quelquefois obligée de vous demander grâce : il y a telle de mes amies qui m'écrit trois fois contre moi une, quoique je ne sois pas dans le cas du *fripon* dont vous parlez.

Je reviens sur mon énumération, qui me paroît un peu fastueuse : croyez cependant, mon bien cher ami, qu'à quelque point que je desire de posséder votre estime, je n'en jouirois pas, si je l'avois surprise. *Il ne faut pas tout dire à l'imagination*, bien moins encore au cœur, plus pénétrant qu'elle ; mais j'ai voulu vous donner de mon silence des raisons que vous pussiez goûter. Je crois que l'on doit dire ce qui intéresse les gens à qui on parle, quand ils ne peuvent pas le présumer ; et, d'ailleurs, il est très-vrai, qu'indépendante de toute la terre, par mon état, et sur-tout par ma façon de penser, comme le sort m'a environnée d'amis infortunés, je passe mes jours à solliciter les grands, sans en tirer souvent d'autre fruit, que d'apprendre à les connoître. Voilà mon apologie, mon cher ami : que ne m'avez-vous vue assez pour qu'elle soit superflue !

(*De la même.*)

Le 27 décembre 1768.

Mon ami, votre abandon ne m'a point refroidie pour vous : j'en ai cherché la cause en moi-même ; et, quoique je ne l'y aie pas trouvée, je ne doute pas qu'elle n'y soit. Je vous vois à présent, tel que je vous vis dans les momens inespérés où je vous causai de l'enthousiasme : aujourd'hui, comme alors, je respecte vos vertus, j'admire vos talens, je chéris votre personne : ma reconnoissance même ne s'est point affoiblie ; car, enfin, les grâces ne doivent point perdre de leur prix, pour n'être suivies que d'actes de justice. Je n'attends rien pour mon compte, de l'assurance que je vous donne de la constance de mes sentimens pour vous : mais je crois qu'il est intéressant pour un homme qui s'est livré à l'étude du cœur, d'être certain qu'il est des attachemens que leur inutilité ne peut vaincre.

(*De Rousseau.*)

A Bourgoin, le 3 janvier 1769.

Ceux qui ont besoin qu'un homme dans mon état leur rappelle son existence, sont indignes qu'il les en fasse souvenir. Je savois, chère Marianne, que vous n'étiez pas de ce nombre; j'attendois de vos nouvelles, et j'étois sûr d'en recevoir, mais ma situation ne me permettoit pas de vous en demander. Mon cœur ne peut cesser d'être plein de vous; je vous chérissois par toutes les qualités aimables que vous m'avez montrées; mais un seul service de véritable amitié m'imprimera toujours un sentiment plus fort que tout autre attachement, un sentiment que l'absence ni le temps ne peuvent prescrire; et, soit qu'il me reste peu ou beaucoup de temps à vivre, vous me serez aussi respectable que chère jusqu'à mon dernier soupir.

Depuis quelques jours je ne puis plus écrire sans beaucoup souffrir, et bientôt, si mon état empire, je ne le pourrai plus du tout. Un mal d'estomac, accompagné d'enflure et d'étouffement, ne me permet plus de me baisser; toute autre attitude que celle de me tenir droit me suffoque, et il y a déjà long-temps que je ne puis mettre moi-même mes souliers. Je veux attribuer ce mal extraordinaire à l'air et à l'eau du pays marécageux que j'habite; si je m'en tire, je vous l'écrirai; si j'y succombe, Marianne, honorez la mémoire de votre ami, et soyez sûre qu'il a vécu et qu'il mourra digne des sentimens que vous lui avez témoignés.

(*De Marianne.*)

Le 15 janvier 1769.

Malgré les touchantes assurances que vous me donnez de la continuation de vos bontés pour moi, mon ami, votre lettre m'a désolée; car il vaut encore mieux avoir à gémir de l'oubli que du malheur des gens qu'on aime. Ce que vous me dites de votre état me fait trembler. Si vous pensez que l'air et l'eau du pays que vous habitez l'occasionnent, y contribuent même, comment ne le quittez-vous pas? Est-ce qu'on vous tourmentoit à Trye? Comment l'heureuse Mme. Rousseau n'emploie-t-elle pas son crédit sur vous, à vous arracher d'un séjour où vous courez les plus grands risques? Mais sans doute elle le fait, et vous résistez à ses instances. Qu'attendre donc des miennes, et cependant comment se résoudre à les supprimer? Mon cher ami, si vous croyez me devoir quelque chose, à moi qui voudrois tout faire pour vous, revenez; il n'y a peut-être pas un moment à perdre; le voisinage des marais est pernicieux pour les maladies où il entre de l'enflure; pourquoi négliger le soin de votre santé? Vous ne vous destinez donc plus à la consolation de vos amis, à l'instruction de vos semblables, au soulagement des malheureux? Eh! comment de si nobles fonctions ne vous attachent-elles pas à la vie? Vous me parlez de votre situation, et des suites qu'elle peut avoir, avec un sang-froid qui me désespère. Quoique votre carrière ne soit, comme celle de tous les grands hommes, qu'un tissu d'adversités; quoique l'impénétrable obscurité de l'avenir ne laisse rien à redouter pour une ame telle que la vôtre, l'idée de votre fin m'est insupportable. Mon ami, ne me la présentez plus; je ne pousse pas l'héroïsme de l'amitié jusqu'à consentir à payer votre délivrance de toutes les douleurs que me causeroit votre perte. De grâce, ne dédaignez pas les moyens de prolonger vos jours; n'y eût-il que moi sur la terre à qui leur durée importât, vous devriez tout entreprendre pour en reculer le terme. Adieu, mon bien cher ami, n'appréhendez point que je vous accable de lettres, j'accorde celle-ci au desir de vous engager à vous rapprocher de moi; si elle manque son effet, que pourrois-je espérer d'une autre? Ne me faites point de réponse; bien sûre que vous m'aimez, et que vous comptez sur moi, votre silence devient une faveur : je ne veux point de plaisirs qui vous coûtent des souffrances. Je parle souvent de vous avec M. du Terreaux, et toujours avec le même intérêt ; son attachement pour vous augmente le mien pour lui. Au reste, quoiqu'à différens degrés, tous mes amis sont les vôtres ; car je déteste tout ce qui ne vous aime pas.

(*De Rousseau.*)

A Monquin, le 23 mars 1769.

Le changement d'air m'a fait du bien, chère Marianne, et je me trouve beaucoup mieux, quant à la santé, que quand j'ai quitté Bourgoin.

Cependant, mon estomac n'est pas assez rétabli pour que je puisse écrire sans peine, ce qui m'oblige à ne faire que de courtes lettres autant que je puis, et seulement pour le besoin. C'en sera toujours un pour moi, mon aimable amie, d'entretenir avec vous les liens d'une amitié maintenant aussi chère à mon cœur, qu'elle parut jadis l'être au vôtre.

(De Marianne.)

Le 1er. avril 1769.

Vous me tirez d'une grande inquiétude, mon ami, en m'apprenant que vous avez quitté le pernicieux séjour de Bourgoin; la satisfaction que j'en ressens ne pourroit être augmentée que par la permission de croire que cette résolution...... Mais elle est exécutée; vous vous en trouvez bien, c'est à cela que je m'attache : qui peut voir ses intérêts, quand il s'agit des vôtres, n'est pas digne de vous aimer. J'espère que le retour de la belle saison achèvera de rétablir votre estomac; je voudrois bien que son entière guérison vous inspirât le desir de revenir dans nos cantons : l'impossibilité de voir les gens qu'on aime, ajoute encore au chagrin de leur absence. Je m'étois flattée, quand vous habitiez Trye, d'aller passer quelques momens auprès de vous; mais le moyen de me dérober aux circonstances qui m'enchaînent pour vous aller chercher à Monquin? Je devrai m'estimer bien heureuse si ma lettre vous y parvient, car il y a peut-être quelques précautions à prendre que vous avez négligé de m'indiquer. Condamnée à vivre loin de vous, écrire est toute ma ressource; le cas infini que j'en fais ne m'empêche pas de sentir combien un commerce aussi interrompu que le nôtre, laisse à desirer à l'amitié : ceci n'est pas une plainte, mon ami, où, si c'en est une, elle ne porte pas sur la rareté de vos lettres. Il ne va ni à votre goût, ni à votre position de m'écrire souvent; je m'en suis fait une raison, et je n'accuse que le sort des privations que j'éprouve. D'ailleurs, je n'ai jamais été relativement à vous, dans une situation plus avantageuse; elle sera stable, j'en réponds; vous ne vous êtes pas décidé légèrement en ma faveur; vos sentimens pour moi sont changés en principes; rien ne peut ébranler la persuasion où je suis d'être toujours aimée de vous; je la respecte comme votre ouvrage, et je la chéris comme une des plus considérables portions de mon bonheur. Adieu, mon illustre et intéressant ami, c'est à lui que je vous recommande; lui seul est assez puissant pour remplir les vœux que forme pour vous votre fidèle Marianne.

(*De Rousseau.*)

A Monquin, le 19 juin 1769.

Connoitre mon cœur et lui rendre justice, c'est en montrer un bien digne de son attachement. Il y a trois lignes dans votre dernière lettre, chère Marianne, qui m'ont encore plus touché que tout ce que vous m'avez écrit jusqu'ici. Vous comptez sur mes sentimens; vous avez d'autant plus raison, que vous m'avez appris à compter sur les vôtres, et que toute personne dont je serai sûr d'être aimé, fût-elle bien moins aimable que vous, aura toujours de ma part plus que du retour. Je sens plus que vous, croyez-moi, notre éloignement; mais, quand vous pourriez me venir voir ici, je n'y consentirois pas; plus vous m'aimez, plus vous seriez affligée. Nous étions amis sans nous être jamais vus, nous le serons, et s'il le faut, sans nous revoir. J'étois négligent à écrire; à présent que vous m'imitez un peu, je ne serai pas plus exact; mais dussé-je ne vous plus voir et ne vous plus écrire, le besoin de vous aimer et la douceur de le satisfaire, feront partie de mon être aussi long-temps qu'il sera ce qu'il est.

(*De Marianne.*)

Le 25 juin 1769.

Plus je vous aime, dites-vous, et plus, si je vous voyois, je serois affligée. Vos maux sont-ils empirés ? Vous est-il arrivé quelque nouveau malheur ? Mon ami, comment avez-vous pu me livrer aux terreurs de mon imagination, sur un objet aussi intéressant ? De grâce, fixez le sens de cette effrayante phrase ; je défie qu'elle puisse rien signifier de plus difficile à supporter, que l'incertitude du sort d'un ami de votre trempe, quand on ne sauroit le présumer heureux. Vous avez, par ce peu de mots, empêché l'effet agréable qu'auroit produit sur moi le reste de votre lettre ; elle est charmante, elle est affectueuse, elle est telle que je serois enchantée d'en recevoir, si c'étoit d'une distance qui me permît d'aller vous en remercier, et éclaircir par moi-même la cruelle obscurité qu'elle renferme ; mais telle qu'elle est, elle me désole, parce qu'elle me met dans la nécessité de garder mon inquiétude, ou de vous prier de m'en délivrer. Si l'énergie d'expression qui vous est naturelle me cause plus d'alarmes que vous ne l'avez voulu, et qu'il vous en coûte un peu pour rétablir ma tranquillité, il n'y aura pas de mal que vous expîez le tort de ne vous être pas fait une assez grande idée de la vivacité de mon attachement pour vous ; mais, si vous m'avez ménagée....... ah ! mon ami, croyez que personne n'en a plus de besoin.

(*De Rousseau.*)

A Mouquin, le 4 juillet 1769.

Rassurez-vous, belle Marianne, j'ai regret aux inquiétudes que je vous ai données. J'ai voulu mettre à l'épreuve votre sensibilité ; le succès a passé mon attente ; je vous promets de ne plus faire avec vous de pareils essais. Adieu, belle Marianne ; puissiez-vous ne voir jamais autour de vous que bonheur et prospérité ! Quand on s'affecte ainsi des peines de ses amis, on n'en doit avoir que d'heureux.

(*De Marianne.*)

Le 9 juillet 1769.

L'activité est le caractère de tous les sentimens que vous inspirez, mon intéressant ami ; aussi ma joie est-elle aussi pressée de se produire, que l'a été mon inquiétude. Savez-vous bien ce qui l'excite si puissamment, cette joie devenue si rare pour votre sensible Marianne ? Ce n'est pas d'avoir reçu deux lettres de vous dans l'espace de quinze jours : ce n'est là qu'un plaisir de réflexion ; mais je n'ai pas besoin d'en faire pour être délicieusement affectée de la fermeté de votre écriture, et de l'enjouement de votre style, qui prouvent une force physique et une liberté d'esprit que ne laissent presque jamais ni les souffrances, ni les chagrins. Voilà ce qui me rassure bien plus que l'aveu que vous me faites de la petite méchanceté que vous vous êtes permise ; car, puisqu'il est décidé que vous pouvez me tromper, j'aurois plus de penchant à croire que c'est à mon profit qu'à mon désavantage. N'allez pas vous imaginer qu'il entre des reproches dans ce que je viens de vous dire, mon ami. Indépendamment de ce que je ne puis vous savoir mauvais gré de rien, à présent que tranquille sur votre compte je puis examiner de sang-froid la conduite que vous avez tenue, j'en conclus que mon amitié vous est précieuse, et je suis toute prête à vous remercier de l'injure que vous m'avez faite. Il faut pourtant en convenir, votre lettre d'hier m'a surprise presqu'autant que satisfaite. Je cherche actuellement dans vos yeux la dose de malice qu'il faut avoir pour jouer un pareil tour à une amie qu'on ne peut détromper qu'au bout d'un siècle, et ce n'est pas là ce que j'y trouve...... Mais peut-être vous paroîtra-t-il bien singulier que je m'occupe, en vous écrivant, à étudier votre physionomie. Ce n'est pas tout; je n'ai besoin pour cela, ni d'un effort d'imagination qui me transporte auprès de vous, ni d'un effort de mémoire qui me rappelle les momens trop courts que j'y ai passés. Voici le mot de l'énigme : j'ai votre portrait, gravé à Londres d'après l'original de Kamsay, et je l'ai placé au-dessus de la table qui me sert de secrétaire, précisément comme une dévote place, au-dessus de son oratoire, l'image du saint à qui elle a la plus fervente dévotion. Hélas! je n'en reçois pas plus d'influences qu'elle! je reste toujours bien loin de ce que j'admire; mais j'ai par-dessus elle le bonheur de penser qu'il n'est pas nécessaire de ressembler à l'objet de ma vénération pour lui plaire.

Vous avez beau dire, mon cher....... (je n'ose risquer votre nom), il n'est point égal que nous soyons amis, en vous voyant ou sans nous voir : notre éloignement me prive des plus flatteuses douceurs de l'amitié. Par exemple, vous m'aviez promis votre confiance, je m'en sens digne, et je n'en jouis pas. A quoi dois-je m'en prendre qu'à la brièveté de vos lettres, qui exclut des effusions de cœur que la conversation amèneroit? Je ne m'attacherai pas à écarter l'idée de la plainte; il est trop clair que plus j'acquiers de droits sur vous, moins j'en exerce.

Adieu, mon bien cher ami; vous savez combien la joie est babillarde; ainsi je n'entreprends point d'excuser l'assommante longueur de cette lettre.

(*De la même.*)

Le 7 octobre 1769, de Rungis.

Vous verrez à la date de cette lettre, mon cher ami, que je n'habite pas actuellement *la ville de boue, de bruit et de fumée.* J'ai enfin acheté une maison de campagne. Mais, quelle maison ! Jugez de sa magnificence ; elle est à trois petites lieues de Paris, entièrement meublée; elle a quatre arpens d'étendue, et ne me coûte que huit mille francs. Elle est si petite, qu'il est impossible qu'elle suffise au peu de monde que j'ai à y loger, et que je la quitte pour céder la place aux maçons. Le besoin de goûter la tranquillité de la campagne m'a engagée à y venir avant d'y faire aucune augmentation. Il n'y a pas un meuble commode, il n'y a pas un légume, le propriétaire qui me l'a vendue, ayant préféré de faire ensemencer le jardin, j'y manque de tout enfin ; mais ce qui supplée à tout, c'est que je sais me passer de tout. Je suis, dans ma chaumière, avec une de mes amies, que vous connoissez, mon aimable ami, et qui n'est point Mme. ***. Voyez qui ce peut être, et ne vous expliquez pas plus clairement que moi, si vous le devinez ; ce dont je ne doute pas, car j'en ai dit assez pour votre intelligence. J'observe, mon ami, que voilà la première lettre où je ne vous parle que de moi ; je voudrois bien que vous vous en vengeassiez, en ne me parlant aussi que de vous dans votre réponse, ou du moins en n'associant à cet intéressant sujet que celui que je viens de traiter. Adieu, mon cher..... le plus cher de mes amis : je ne vous en dirai pas davantage ; j'ai trop d'occupations pour me livrer au plaisir de babiller. Je serai à Paris, quand votre réponse pourra m'arriver : c'est là qu'il faut l'adresser. J'ai voulu vous écrire d'ici, afin qu'il fût prouvé, qu'en quelqu'endroit que je sois, et quoi que j'aie à faire, rien ne peut me distraire de vous.

(*De la même.*)

Le 8 novembre 1769.

Mon ami, il se peut que vous n'ayez pas répondu à ma lettre du 7 octobre. Cependant, j'ai de la peine à le croire ; car j'avois plus besoin de votre réponse, que M. de Villepatour de votre romance ; et le besoin est un droit que vous ne savez pas contester. Quoi que vous ayez fait, je ne vous blâme de rien ; mais voici ce que je dois vous dire. Il y a dans la rue St.-Joseph, tout près de la mienne, et aboutissant de même dans la rue du Gros-Chenet, une femme qui porte le même nom que moi ; cette femme a reçu plusieurs lettres qui m'étoient adressées, et qui ne me sont jamais revenues. Cette négligence, de la part des facteurs, et cette infidélité de la sienne, me donnent les plus grandes inquiétudes, quand j'attends long-temps de vos nouvelles. Pour Dieu, mettez sous vos yeux, en gros caractères, *rue du Croissant*, et, cette précaution prise, faites tout ce que vous voudrez. Je puis bien me résigner aux privations que vous m'imposez ; mais je ne puis les endurer de la mauvaise volonté de tout autre.

(*De la même.*)

Le 30 décembre 1769.

Vous vous jouez de mes inquiétudes, mon ami ; car vous ne prétendez pas que j'en sois exempte, en me laissant dans la plus profonde ignorance sur tout ce qui vous regarde. Depuis le 4 juillet, date de votre dernière lettre, voici la troisième fois que je vous écris, sans recevoir un seul mot de vous. Si mon attachement ne demande pas plus de culture, peut-être méritoit-il plus de retour. Je souhaite que votre santé ne soit pas empirée ; quant à la mienne, je doute qu'elle puisse soutenir, sans une altération sensible, les cruelles insomnies qui me tourmentent depuis quelque temps. Mon ami, je ne suis point heureuse, ce n'est pas votre faute ; mais je pourrois goûter quelques plaisirs, et vous me les refusez.

(*De la même.*)

Le 25 mars, 1770.

Mon ami, je ne me rebuterai point, parce que vous savez bien que d'un mot vous pouvez me faire taire à jamais, et que je croirai vous prouver que je vous aime, en cessant de vous le dire, dès que vous cesserez de vous plaire à l'entendre.

J'apprends, avec transport, que vous êtes adoré dans le pays que vous habitez, sur-tout de cette classe de gens, dont les préjugés ne dirigent point les affections, et qui ne s'attache qu'à ce qui lui est vraiment utile. Il en étoit de même à Montmorenci ! Cette perpétuelle démonstration de votre bienfaisance parle plus éloquemment que tous les prôneurs du monde; aussi est-elle bien satisfaisante pour une amie, à qui vos vertus sont encore plus chères que vos talens. J'en jouis d'autant plus délicieusement, que mes sentimens pour vous tiennent de l'amour que les dévots portent à Dieu; je crois ne pouvoir vous aimer assez toute seule; je voudrois que tous les cœurs se réunissent au mien, pour rendre mon hommage moins disproportionné à votre mérite ; je le voudrois encore pour le bonheur de l'humanité, car on ne sauroit vous aimer, sans haïr le vice ; et, si cette haine ne préserve pas du malheur de faire le mal, elle préserve du moins du malheur plus grand d'y consentir. Adieu, mon inestimable ami ; je souhaite que votre santé soit meilleure que la mienne ; de violens étourdissemens, qui paroissent provenir de l'irritation de mes nerfs, ont succédé à mes insomnies ; je ne sais de quoi ils seront suivis. Les dispositions de mon ame me promettent peu de beaux jours ; j'en aurai moins de regrets, en atteignant au terme. Adieu, encore une fois : j'entends dire de tous côtés que vous n'écrivez plus à personne. Ne vous gênez pas pour m'excepter ; et soyez sûr que, quelle que soit votre conduite avec moi, je compterai sur votre amitié, aussi long-temps que je m'en sentirai digne.

(*De la même.*)

Le 25 juillet 1770.

Il faut, mon ami, que je vous communique mon enchantement : je lis *la Nouvelle Héloïse*, pour la sept ou huitième fois ; elle m'émeut plus que la première. Que J. J. Rousseau doit être content de lui ! Quel génie il faut avoir pour créer tant de caractères estimables, qui ne se ressemblent qu'en ce seul point ! Pour les faire penser, parler, agir, sans que leurs traits se confondent ; pour soutenir pendant si long-temps leurs différences, jusques dans les plus petits détails ; pour tirer d'un fonds si simple des situations si touchantes ; pour se passer de l'effet des contrastes, si utilement employés par tous les autres auteurs ! Cependant, ces personnages si admirables ne sont point des personnages de roman, dont la perfection fatigue : ce sont des gens sensibles, honnêtes, droits, qu'on ne peut s'empêcher de prendre pour modèles. Tous inspirent l'émulation, parce que tous participent aux foiblesses de l'humanité : la tendre Julie, la charmante Claire, le bouillant St.-Preux, le sage Wolmar, le sublime Édouard, tous sont capables d'erreur, tous ont des torts, et mille fois plus de vertus qu'il n'en faudroit pour en racheter de plus grands. Mais, Julie! Quelle femme! Avec quelle autorité elle m'entraîne! Je l'entends, je la vois, je l'adore, ou plutôt, comme si mon ame étoit identifiée avec la sienne, j'aime, combats, triomphe, pleure, prie, souffre, et meurs avec elle. Ah! je ne méritois pas que son nom me fût donné......... ni qu'il me fût ôté.

Quelle magnifique idée Jean-Jacques donne de l'Être-Suprême, non-seulement par ce qu'il en dit, mais par les talens qu'il déploie! Qui a jamais porté aussi loin l'éloquence du cœur? Avec lui, on pourroit se passer de principes; le sentiment suffiroit pour rendre vertueux. Mon ami, se pourroit-il que l'enthousiasme, qui a produit *la Nouvelle Héloïse*, et qu'elle produit à son tour en qui la sait lire, se fût refroidi en vous? Pour moi, je ne la lis jamais, si ce n'est sans être meilleure, au moins sans desirer de le devenir. On a pourtant osé avancer que cet ouvrage unique, et destiné à toujours l'être, étoit imité de *Clarice*. Si cette platitude en valoit la peine, elle seroit bien aisée à réfuter; car, en quoi deux ouvrages de ce genre peuvent-ils se ressembler? Ce ne peut-être, je crois, que par le plan, les caractères, les incidens, les situations, la catastrophe et le style : or, je ne vois de commun, entre ceux dont il s'agit, que la forme. J'aimerois autant qu'on prétendît que *les lettres* de *Catesby* sont imitées des *lettres Persannes*. Voulez-vous que je vous dise, mon ami, de quoi je tire vanité, quand mes chagrins m'en laissent le courage ? c'est d'avoir l'ame la plus capable de saisir les beautés que Jean-Jacques répand dans ses écrits : je disputerois cet avantage à toute la terre; je doute que lui-même les sente mieux que moi. Aussi, rien n'excite plus puissamment ma reconnoissance envers la Providence, que le bonheur d'être née dans le même siècle que lui. Adieu, mon ami, pardonnez-moi cette effusion, je n'y reviendrai plus; je sais qu'avec plus de connoissance que personne, de ce que vaut mon héros, vous ne voulez pas qu'on le loue; je vous jure que ce n'étoit pas mon objet; mon cœur, trop plein, cherchoit à déposer une partie de ses sentimens dans un cœur digne de les partager; pouvois-je ne pas choisir le vôtre ?

(*De la même à M. Guy.*)

Le 25 juillet 1770.

Vous me faites l'honneur de me mander, Monsieur, que *mon attachement pour mes amis mérite les plus grands éloges.* Je ne veux pas que vous me croyiez meilleure que je ne suis, ni que vous jugiez de mes procédés pour tous mes amis, par ceux que j'ai pour M. Rousseau : il est le seul avec qui je ne compte pas ; j'exige des autres encore plus que je ne leur donne, et cela est juste ; ils m'ont recherchée, c'est à eux à entretenir, par la continuation de leurs soins, un attachement que leurs soins ont produit. M. Rousseau est vis-à-vis de moi dans un cas tout différent ; il ne soupçonnoit pas encore mon existence, que ses talens m'avoient inspiré la plus forte inclination pour lui. Il ne m'en falloit pas davantage, et je l'aurois aimé toute ma vie à son insu, si une de mes amies ne s'étoit pas avisée de lui apprendre quelle impression ses ouvrages avoient faite sur moi. Mon amitié ne lui impose donc aucun devoir, et il seroit tout simple qu'il ne fît rien pour nourrir un sentiment qu'il n'a point ambitionné de faire naître. Mais, Monsieur, si vous voulez vous rappeler dans quels termes cet homme inimitable daigna vous écrire sur mon compte, lors du foible effort que je fis contre ses adversaires, vous conviendrez que la façon dont il reconnut mon zèle est un bienfait capable de lier pour jamais une ame susceptible de constance. Vous voyez qu'il n'y a pas tant d'héroïsme qu'il en paroît, dans ma conduite envers M. Rousseau. Vous pouvez lui montrer cette lettre, Monsieur, je serois même bien aise qu'il la vît; il pourroit, comme vous, faire honneur à mon caractère de ce qui n'est qu'un effet de ma position; et, quoique je sois fort sensible à l'estime, quand on ne me rend pas exactement justice, j'aime mieux qu'on reste en-deçà, que d'aller au-delà de la bonne opinion qui m'est due.

(*De la même à J. J. Rousseau.*)

Le 2 août 1770.

Quoi ! mon cher Jean-Jacques, vous êtes à Paris depuis plus d'un mois, logé presqu'à ma porte, sans prendre aucun arrangement pour me procurer le bonheur de vous voir, sans me donner la plus légère marque de souvenir ! Qui peut m'attirer une aussi accablante froideur ? Si vous étiez un homme ordinaire, je n'aurois point de question à vous faire ; mais comment oser vous interpréter, vous qui différez autant du général par vos idées que par vos talens et vos vertus ? Si j'avois suivi mon penchant, au premier bruit de votre arrivée je vous aurois dit avec quelle joie j'apprenois (quoique ce ne fût pas par vous) que vous jouissiez d'un embonpoint qui ne vient qu'avec la santé. La crainte de vous déplaire m'a retenue ; et puis, combien une amie telle que moi se seroit trouvée déplacée au milieu des importuns qui vous ont assailli ! Si je n'ai pas rempli vos intentions, mon cher Jean-Jacques, c'est faute de les avoir connues ; j'ai cru m'y conformer, en ne me permettant pas la moindre plainte dans la lettre que je vous ai fait remettre par M. Guy ; cette discrétion ne m'a pas réussi, sans doute, parce que rien ne doit me réussir..... Cette réflexion double d'amertume, quand c'est vous qui me forcez à la faire. Mon ami, votre indifférence m'humilie vis-à-vis du petit nombre de gens qui savent à quel point je vous suis attachée ; j'espère du moins que c'est moi qu'elle humilie ; c'est le moins mauvais effet qu'elle puisse produire ; mais cet effet est cruel pour une ame aussi fière que sensible. Si, sans le vouloir, sans le savoir même, j'ai mérité de perdre votre bienveillance, ne me la rendez pas, mais daignez m'apprendre mes torts : on n'envoie point un criminel au supplice sans lui lire son arrêt. Si au contraire, sans que vous ayez rien à me reprocher, ma personne et mes sentimens vous sont devenus désagréables, ayez la générosité de me le dire ; il y a moins d'inhumanité à assommer quelqu'un d'un coup de massue, qu'à le tuer à coup d'épingles. Mais, quelque parti que vous preniez, mon ami, n'oubliez jamais que je vous aime assez pour ne rien exiger de vous, et trop pour n'en rien attendre.

Au cas que votre indisposition contre moi

soit assez forte pour vous inspirer une réponse dure, de grâce n'en chargez pas verbalement mon laquais ; c'est le même que dans un temps plus heureux j'envoyai à *Montmorenci*; il a assez de jugement pour que le changement de votre ton tire à conséquence dans son esprit, et je suis plus jalouse de l'estime de mon laquais que de celle d'un pair de France.

(*De la même.*)

Le 2 septembre 1770.

On me dit de votre part, la première fois que j'envoyai chez vous, mon cher ami, que vous me verriez *aussitôt que la chose seroit possible.* Quoique j'aie lieu de craindre qu'elle ne le soit jamais, et que vous n'ayez chargé mon laquais de cette réponse que par déférence pour la prière que je vous faisois de ne rien vous permettre vis-à-vis de lui, qui dérogeât à vos anciennes bontés pour moi, je crois devoir vous prévenir que je pars le 10 pour la campagne, où je compte passer deux mois.

Votre conduite m'afflige, mon cher Jean-Jacques, non que, tout bien considéré, elle m'annonce la perte des droits que vous m'avez donnés sur votre cœur. Vous n'aimez personne plus que moi ; j'en suis sûre, puisque vos sentimens dépendent de ceux qu'on a pour vous, et vous me l'avez dit ; mais il est cruel d'avoir sans cesse à lutter contre les apparences, et d'être obligé de se rappeler ce qu'un ami a dit, pour ne pas se désoler de ce qu'il fait.

Peut-être aussi pensez-vous que je devrois aller

vous voir ; je me le dois du moins à moi-même, puisque j'en ai le plus grand desir, et que je ne trouve la force d'y résister que dans la crainte d'être importune, à vous que toute distraction contrarie, et à Mme. Rousseau, de qui je n'ai pas l'honneur d'être connue. Écrivez-moi un mot qui contienne votre consentement, et l'indication des heures où je vous serai le moins incommode, et vous verrez si je respecte d'autres barrières que celles que votre volonté met entre nous : ce seroit même la façon de nous rapprocher qui favoriseroit le mieux mes vues. Vous savez que j'ai fait mystère à toutes mes connoissances, de la correspondance dont vous m'avez honorée, c'est mon secret ; plus sensible que vaine, j'aime mieux en jouir que de m'en glorifier. Si vous daignez m'admettre à votre société, et venir chez moi, quelque rarement que ce puisse être, on le saura ; il faudra bien donner une origine à notre liaison ; personne ne croiroit que vous fussiez venu me chercher, et tout ce qui m'entoure sait assez quel cas je fais de votre mérite, pour trouver tout simple que l'envie de vous connoître m'ait conduite chez vous. Quant à la distinction que vous m'accorderiez, en répondant à mes prévenances, elle feroit trop d'honneur à votre ame pour étonner personne. D'ailleurs, je me flatte de ne pas vous disconvenir ; je n'ai jamais eu de prétention à la réputation de femme d'esprit, et j'en ai moins que jamais ; tout ce qui pouvoit m'en donner s'est concentré dans mon cœur, toutes mes idées sont des souvenirs funèbres, tous mes sentimens sont des regrets ; la bonté est le seul des dons de la nature que le chagrin n'ait pas altéré en moi, et vous ne pouvez trouver chez moi d'autre plaisir que celui d'adoucir mes peines. Malgré tout cela, il y a quelque chose de si extraordinaire dans ce qui se passe entre nous, que j'attends avec bien plus d'inquiétude que d'espérance, l'effet de la tentative que je me permets. Ne m'avoir pas donné signe de vie depuis le 4 juillet 1769, quoique je vous aie écrit sept lettres, dont plusieurs contenoient des détails alarmans ! L'amour est sujet à ces révolutions, mais l'amitié.... je m'y perds. Mon ami, si cet inconcevable silence est une épreuve, elle est superflue, longue et douloureuse ; mais, dût-elle ne jamais finir, et m'affecter toujours de même, elle ne triomphera point de la constance de mon attachement pour vous.

A Paris, 17 4/9 70.

Pauvres aveugles que nous sommes!
Ciel! démasque les imposteurs,
Et force leurs barbares cœurs
A s'ouvrir aux regards des hommes.

Je n'accepte point, Madame, l'honneur que vous voulez me faire. Je ne suis pas logé de manière à pouvoir recevoir des visites de Dames, et les vôtres ne pourroient manquer d'être aussi gênantes pour ma femme et pour moi, qu'ennuyeuses pour vous.

L'inconvénient que vous trouvez vous-même à recevoir les miennes, suffiroit pour m'engager à m'en abstenir, et tout autre détail seroit superflu. Agréez, Madame, je vous supplie, mes salutations et mon respect.

J. J. Rousseau.

(*De Marianne.*)

Le 8 septembre 1770.

Mon cher Jean-Jacques, bien sûre de n'avoir pas mérité que vous passassiez avec moi, du ton le plus affectueux au ton le plus froid, je ne vous demande pas la cause de ce changement; je la devine; je vous plains, et je gémis de ce que les plus mauvais effets résultent des actions les plus louables.

Des trois raisons que vous me donnez, de m'exclure de chez vous, il n'y en a qu'une d'admissible : la gêne que j'y porterois. Ma visite vous gêneroit! Elle ne vous gêna pas, lorsque vous séjourniez au Temple. Eh ! mon ami, en changeant d'état, avez-vous donc changé d'ame? N'êtes-vous plus cet homme sensible qui m'écrivoit le 3 janvier 1769 : « Mon cœur ne peut
» cesser d'être plein de vous. Je vous chéris-
» sois par toutes les qualités aimables que vous
» m'avez montrées ; mais, un seul service de
» véritable amitié, m'imprimera toujours un
» sentiment plus fort que tout autre attache-

» ment; un sentiment que l'absence et le temps
» ne peuvent prescrire; et, soit qu'il me reste
» peu ou beaucoup de temps à vivre, vous me
» serez aussi respectable que chère jusqu'à
» mon dernier soupir. »

Ce langage me préparoit-il à celui que vous me tenez? Quoi qu'il en soit, mon ami, vous ne voulez pas que j'aille chez vous. Il est juste qu'à cet égard vos intentions soient suivies; mais il l'est aussi que vous ne croyiez pas que je puisse mettre quelque chose en balance avec le plaisir de vous voir. Si j'avois eu le choix, j'aurois préféré de pouvoir me débarrasser de questions importunes, en répondant: *J'ai été chez lui, il a bien voulu revenir chez moi;* mais les inconvéniens que je trouvois à vous recevoir ont disparu devant l'inconvénient bien plus grand de rompre avec vous tout commerce. Venez, mon cher Jean-Jacques; je serai chez moi lundi et mardi (ne devant partir que mercredi). Si on vous y voit, si on s'en étonne, je ne suis comptable de ma conduite à personne. De plus, j'ai si bien renoncé à garder le secret de notre correspondance, que je suis violemment tentée de la rendre publique. J'ai soigneusement gardé toutes les lettres que j'ai reçues de vous, et les copies de toutes celles que je vous ai adressées ; je vais à la campagne m'occuper de les mettre en ordre ; à mon retour, je serai en état de les donner à l'impression, et je pourrai même y joindre le petit ouvrage que la détention de M. Guy m'empêcha de mettre au jour. Cette démarche me donnera un ridicule aux yeux des sots (malheur d'opinion, au-dessus duquel il faut savoir se mettre), mais aussi elle assurera le succès de quelques-uns de mes efforts : si je n'ai pu prolonger la durée de l'amitié qui nous a unis, du moins je parviendrai à en éterniser les témoignages, le néant n'étant point à redouter pour un recueil dont vous aurez écrit une partie, et fourni la matière de l'autre. Toutefois, mon ami, quelque riant que paroisse ce projet, je ne l'effectuerai certainement point, si vous me dites que vous ne l'agréez pas ; car votre tranquillité m'est aussi précieuse à présent, qu'elle me l'étoit quand vous vous intéressiez à la mienne. Je vous l'ai déjà dit, rien ne me détachera de vous. Vous avez beau, avec vos vers, votre date hyérogliphique, votre épithète de *Madame*, votre protocole, autrefois inusité entre nous, vouloir me placer dans la classe générale, mes sentimens m'en tireront toujours; toujours j'occuperai votre cœur ou votre mémoire; l'un pour votre satisfaction, ou l'autre pour votre tourment.

(*De la même.*)

14 avril 1771.

Mon ami, depuis mon retour de la campagne, où j'ai fait un plus long séjour que je ne comptois, des incommodités, des affaires, des obstacles de toute espèce, m'ont empêchée de vous écrire. Si c'étoit un devoir, je trouverois peut-être que j'ai encore de fort bonnes raisons pour m'en dispenser; c'est un plaisir, et je vous écris.

Venez me voir, mon cher Jean-Jacques, ou dites-moi pourquoi vous n'y venez pas; la justice, l'humanité même vous en pressent; l'inquiétude que me cause l'ignorance du principe qui vous fait agir, prend réellement sur ma tranquillité. Il est impossible que, sans raisons, vous fassiez succéder aux expressions d'une reconnoissance que je n'ai jamais méritée, les apparences d'un dédain que je ne mériterai jamais. Que, si ces raisons sont d'une importance à ne céder à rien, et d'une nature à n'être dites à personne, daignez au moins me l'avouer, et régler ma conduite à votre égard. Mes attentions vous gênent-elles? J'aurai celle de les supprimer toutes. Leur trouvez-vous encore quelque chose de flatteur ? Je ne me lasserai point de les accumuler. Mais, de grâce, procurez-moi la consolation de savoir que j'entre dans vos vues ; il ne vous en coûtera que de me les faire connoître.

On n'obtient rien, sur-tout de vous, puisque c'est vous qui l'avez dit, *plus sûrement, ni plus vîte, que ce qu'on n'est pas pressé d'obtenir.* Eh bien ! dussé-je éloigner, empêcher même le succès de mes vœux, il ne m'est pas plus possible de feindre de l'indifférence, pour ce qui me vient de vous, que d'en avoir. J'insiste donc, mon illustre ami, sur la communication des motifs de votre résistance. Je le puis, sans indiscrétion ; ceci est bien plus mon affaire que la vôtre ; car notre façon d'être respective, influe bien moins sur votre sort que sur le mien. Je dois pourtant vous dire que, quoi que vous fassiez, je vous aimerai toujours. A cela, vous ne pouvez rien : vous n'avez que le choix de m'affliger, ou de me satisfaire.

Soit que votre silence, sur le projet dont je vous ai fait part, signifie que vous y consentez, ou que, sans y consentir, vous préférez son exécution, au soin de la prévenir, il prouve également que vous n'avez conservé aucune idée de notre correspondance. Pour moi (sous les yeux de qui elle vient de passer), je renonce à la rendre publique, tant que nous existerons tous les deux. Elle consiste en 158 lettres, dont 9 sont de Mme. ***, 94 de moi, et 55 de vous. De ces 55 lettres, il y en a 34 où vous êtes à mes pieds, 6 où vous me mettez sous les vôtres, 9 où vous me traitez en simple connoissance, et 6 où vous vous livrez aux épanchemens de la plus intime amitié : vous m'y parlez de vos disgrâces, de vos affaires, de vos desseins, de votre fortune, de vos ennemis, et des gens qui vous entourent, avec une confiance qui m'impose des devoirs aussi chers que sacrés, et que je ne trahirai certainement jamais. Ce sont ces six lettres qui mettent un obstacle, que je voudrois qui fût éternel, à un projet que je n'aurois pas conçu, si je me les étois rappelées. Mais elles sont si anciennes de dates, si éloignées les unes des autres, la peine efface si entièrement la trace du plaisir, que je suis bien excusable de les avoir oubliées. Je ne finirai point celle-ci, sans tenter encore de vous émouvoir, par la considération du repentir que vous vous préparez. Mon cher ami, vous qui savez combien les sentimens désintéressés sont rares, vous qui parûtes si sensible au bonheur d'en inspirer, comment pouvez-vous repousser, avec une dureté inflexible, ou un ressentiment implacable, les efforts d'une amie qui n'a pas varié un instant dans son attachement pour vous, et qui, à votre jugement même, ne sauroit être coupable envers vous, puisqu'elle n'a jamais consenti à le devenir? Qui pourroit se représenter le plus aimant des hommes, J. J. Rousseau, enfonçant d'une main sûre un fer empoisonné dans le sein de l'amitié, qui, sous les traits d'une femme, qu'il craignit de trop aimer, ne cesse de lui tendre les bras? Seroit-ce Mme. Rousseau qui s'opposeroit.........? Mais, en quoi notre liaison blesseroit-elle ses droits? Et puis, ne m'avez-vous pas fait, depuis votre mariage, une agacerie cent fois plus suspecte, si quelque chose pouvoit l'être entre nous, que la faveur que je sollicite? Jean-Jacques, songez-y, il se peut que je meure avant vous: si cela arrive, je connois mal la trempe de votre cœur, ou vous vous reprocherez amèrement tout le chagrin que vous me faites.

A Paris, 17 $\frac{14}{4}$ 71.

Je n'ai eu l'honneur de vous voir, Madame, qu'une seule fois en ma vie, j'ai eu souvent celui de vous répondre, et sans prévoir que mes lettres seroient un jour exposées à être imprimées, je me suis livré pleinement aux diverses impressions que me faisoient les vôtres. Vous avez pris ma défense contre les trames de mes persécuteurs durant mon séjour en Angleterre : cette générosité m'a transporté, vous avez dû voir combien j'y étois sensible. Depuis lors, ma situation se dévoilant davantage à mes yeux, j'ai trouvé qu'avec autant de franchise et même d'étourderie, il ne me convenoit de rester en commerce avec personne dont je ne connusse bien le caractère et les liaisons; j'ai vu que l'ostentation des services qu'on s'empressoit de me rendre, n'étoit souvent qu'un piège plus ou moins adroit pour me circonvenir, ou pour m'exposer au blâme, si je l'évitois. De toutes mes correspondances, vous étiez en même-tems la plus exigeante, celle que je connoissois le moins, et celle qui m'éclairoit le moins sur les choses qu'il m'importoit de savoir et que *vous n'ignoriez pas*. Cela m'a déterminé à cesser un commerce qui me devenoit onéreux, et dont le vrai motif de votre part pouvoit m'échapper. J'ai toujours cru que rien n'étoit plus libre que les liaisons d'amitié, surtout des liaisons purement épistolaires, et qu'il étoit toujours permis de les rompre, quand elles cessoient de nous convenir, pourvu que cela se fît franchement, sans tracasserie, sans malice et sans éclat, tant que cet éclat n'étoit pas indispensable. J'ai voulu, Madame, user avec vous de ce droit, avec tous ces ménagemens. Vous m'en avez fait un crime exécrable, et dans votre dernière lettre vous appelez cela *enfoncer d'un main sûre un fer empoisonné dans le sein de l'amitié*. Sans vous dire, Madame, ce que je pense de cette phrase, je vous dirai seulement que je suis déterminé à n'avoir, de mes jours, de liaison d'aucune espèce avec quiconque a pu l'employer en pareille occasion.

J. J. ROUSSEAU.

(*De Marianne.*)

Le 26 avril 1771.

Pardonnez-moi cette lettre, mon cher Jean-Jacques, elle sera la dernière ; j'ai long-temps voulu vous l'épargner, mais je n'ai jamais pu me persuader que l'honnêteté me permît de consentir à vous paroître coupable.

Je n'ai jamais rien su (j'en atteste Dieu même) qu'il vous *importât* de savoir, et que je pusse vous apprendre ; aussi ne conçois-je pas sur quelle circonstance ce reproche peut tomber. On vous a tendu des *pièges*, et vous partez de là pour me croire capable de vous en tendre! Moi! Et vous dites que vous ne me connoissez pas! Hélas! je vous aurois demandé des lumières sur moi-même! mais je me trompois ; il est clair que *vous ne me connoissez pas*. L'outrage que vous me faites m'afflige donc sans m'étonner : tant de gens justifient d'odieux soupçons, que le plus sublime effort de la vertu est peut-être de n'en point concevoir.

Vous êtes sans doute plus célèbre qu'il ne faut l'être, mon cher Jean-Jacques, pour qu'on mette de l'*ostentation* à vous servir. Cependant, je ne vois pas comment il auroit pu en entrer dans les motifs d'une amie qui ne vous a défendu que sous le voile de l'anonyme.

Vos lettres ne seront jamais imprimées, c'est sur quoi vous pouvez compter; je prends des précautions sûres pour qu'elles ne puissent pas tomber en d'autres mains que les vôtres, si vous me survivez. Je voudrois même pouvoir prendre sur moi de vous les renvoyer tout à l'heure, mais je n'ai pas le courage de commencer à mourir.

Il n'a tenu qu'à vous de connoître mes *liaisons*, je n'en ai que d'honorables; vous n'auriez trouvé chez moi que des gens qui vous aiment; vos adversaires n'y seroient pas admis.

Je n'ai employé la phrase de ma lettre que vous me rapportez, que parce qu'elle me paroissoit propre à vous peindre à quel point je suis sensible à votre abandon. Si elle renferme quelque sens dont vous puissiez vous plaindre, je ne l'ai point vu, je ne le vois point encore, et je suis prête à protester, à la face du ciel et de la terre, que je n'ai pas voulu le lui donner. Mais, mon cher Jean-Jacques, l'avez-vous attendue, cette phrase, pour rompre un commerce auquel j'aurois tout sacrifié, s'il avoit continué de vous être agréable?

Je joins à cette lettre le petit écrit dont la détention de M. Guy empêcha l'impression, et qui n'est connu de qui que ce soit au monde que de cet honnête homme. Ne le lisez point, il vous rappelleroit des idées fâcheuses, et la chaleur de mon zèle ne pourroit plus vous affecter que douloureusement. Je ne vous envoie cette bagatelle que pour que vous la jetiez au feu; c'est à vous qu'il appartient de détruire ce que mon amitié a produit.

Adieu, mon cher Jean-Jacques, adieu pour jamais. Quel mot! Qu'il m'en coûte pour vous cacher...... N'importe, vous serez satisfait, vous n'entendrez plus parler de moi qu'après ma mort. Il faut, pour que je l'attende avec tranquillité, que les inconcevables sentimens que j'ai pour vous s'anéantissent; je le souhaite, mais je ne l'espère pas.

(*De Rousseau.*)

Le 7 juillet 1771.

Voici le manuscrit dont Mme. de L*** a paru en peine, et que je ne tardois à lui renvoyer que parce qu'elle m'avoit écrit de le garder. Je l'ai trouvé digne de sa plume et d'un cœur ami de la justice. J'ai pourtant été plus touché, je l'avoue, de l'écrit qui a été lu de tout le monde, que de celui qui n'a été vu que de moi.

Madame, je ne reçois pas votre adieu pour jamais, je n'ai point songé à vous en faire un semblable; les temps peuvent changer, et quoi que fassent les hommes, je ne désespérerai jamais de la Providence. Mais, en attendant, je crois porter bien plus de respect à nos anciennes liaisons, en les interrompant jusqu'à de plus grandes lumières, que de les entretenir avec une confiance altérée et des réserves indignes de vous et de moi.

(*De Marianne.*)

Le 8 juillet 1771.

M. Guy m'avoit fait espérer une réponse de vous, mon cher Jean-Jacques; j'ai paru la souhaiter. Il a sans doute pris le change sur l'objet de mon empressement, et son erreur a nécessité la vôtre. Mais je n'ai jamais compté que le manuscrit que vous me renvoyez revînt entre mes mains; je n'en ai point *paru en peine;* c'auroit été une inconséquence intolérable, après vous avoir mandé que je ne vous l'envoyois que pour que vous le jetassiez au feu, et vous avoir prié de ne le point lire. Je trouvois piquant que ce gage malheureux, d'un sentiment plus malheureux encore, fût brûlé par vous; et je vous le renverrois, à même fin, si je ne craignois que vous ne trouvassiez de la ténacité dans cette conduite.

Adieu, mon cher Jean-Jacques, adieu, pour autant de temps qu'il vous plaira; je ne pénètre point vos vues, mais je les respecte. J'attendrai donc, avec la plus grande résignation, et dans le plus absolu silence, le retour de votre confiance, dont je saurai bien jouir, si ma mort ne le prévient pas.

Envoyez-moi, je vous prie (par mon laquais, attendu le peu de sûreté de la petite poste), les noms de baptême de Mme. Rousseau, et même son nom de famille, car je ne le sais que par la voix publique; et, tout ce qu'on sait ainsi, on le sait mal. Sur-tout, souvenez-vous, quand on vous remettra vos lettres, que je vous demande ces noms, et que je ne suis pas fausse.

Réponse.

Thérèse LE VASSEUR.

(*De la même.*)

Le 7 avril 1772.

Que vous ne m'ayez pas reconnue, cher Jean-Jacques, cela est tout simple : sans compter l'altération que six ans de chagrin ont apportée dans mes traits, vous ne m'aviez vue qu'une seule fois, et je n'avois pas dû vous faire une impression à l'épreuve de la diversité des objets qui vous ont frappé depuis cette époque. Que, ne voyant en moi qu'une femme que la curiosité attiroit peut-être, et qui ne vous en inspiroit aucune, vous m'ayez remise à trois mois, pour me rendre quatre pages de musique, cela est encore tout naturel. Mais, qu'après avoir su qui j'étois, vous n'ayez pas rapproché ce terme, ce procédé est clair; et si je ne me conduis pas en conséquence, ce n'est pas que je ne sache bien l'expliquer. Au bout de dix-sept jours, qui n'ont pu détruire la sensation qu'il m'a faite, j'apprends que vous avez trouvé bon que Mme. Pasquier allât trois fois chez vous pour le même morceau de musique; que vous lui avez paru fâché de terminer un objet qui servoit de prétexte à ses visites; que vous lui avez marqué des regrets sur l'absence qu'elle va faire; qu'enfin, vous l'avez engagée à vous voir à son retour. Cher Jean-Jacques, je compare, et me tais......... Au reste, ce n'est pas de son amour-propre que je tiens ces détails : elle mérite trop les distinctions dont vous l'avez comblée pour en être vaine. Dans le premier transport de sa reconnoissance, elle les a confiées à un homme de sa société, qui est fort mon ami, et qui me les a rendus, n'imaginant pas combien le rôle qu'il faisoit auprès de moi contrastoit avec ce titre. J'avoue qu'il m'en a coûté, pour ne pas faire prévenir la séduisante Mme. Pasquier du danger qu'il y a à vous le paroître trop; et puis, j'ai pensé que ce danger étoit moins dans la chose que dans la personne; que ma façon d'être me nuisoit encore plus que votre façon d'agir; que cette dame seroit sans doute plus heureuse que moi, à cet égard, comme elle l'est à tous les autres, et j'ai renfermé dans mon cœur ma peine et mes avis.

Si je ne me trompe, Mme. Rousseau m'a vue sans répugnance, du moins quand elle a su mon nom : je réclame ses bons offices; je m'adresserois à elle-même pour les lui demander, si vous ne m'aviez pas dit autrefois que vous étiez son secrétaire. Je la prie d'appuyer mes représentations auprès de vous : l'espèce d'intérêt qui les dicte, n'est pas au-dessous de la médiation d'une épouse, et ma délicatesse s'applaudira de lui devoir leur succès. En me renvoyant à la fin de juin, cher Jean-Jacques, vous m'avez exposée à ne vous revoir jamais. Je dois partir dans les derniers jours de ce mois pour la province, où m'appelle une parente à qui je suis fort attachée ; peut-être le mauvais état de sa santé prolongera-t-il très-long-temps mon séjour chez elle : quand j'en reviendrai, il faudra que j'aille à ma campagne, où le malheur qui me poursuit a fait arriver des accidens dont la réparation exige ma présence. Il faut donc compter que je ne serai à Paris qu'en novembre. D'ici là, que d'évènemens peuvent nous séparer sans retour ! Je savois tout cela, quand j'ai eu l'honneur de vous voir ; mais je me sentis vis-à-vis de vous, comme une personne accoutumée à accorder des grâces, qui, se trouvant réduite à en demander, ne sait rien objecter à des refus qui l'écrasent. J'aurois pu vous l'écrire tout de suite ; mais, tant pour éviter d'avoir l'air de l'obsession, que parce que j'espérois que la réflexion me seroit plus favorable que le premier mouvement, j'ai mieux aimé attendre. Puisque rien ne parle pour moi, il faut bien à la fin que je parle moi-même. Je ne souhaite pas, cher Jean-Jacques, que vous me donniez la préférence pour l'air italien que je vous ai porté, sur les personnes avec qui vous avez des engagemens; je souhaite seulement que vous me permettiez de vous faire, sans que vous me le rendiez, la visite que vous avez consenti que je vous fisse pour le reprendre. De tous ceux qui vont chez vous, je suis sans doute la seule qui en sollicite la permission. Eh! qui peut rendre circonspect autant que le sentiment qui m'anime? Loin de trop présumer de votre bienveillance et de mon bonheur, je me flatte si peu d'obtenir une réponse par écrit, que j'ai dit à mon laquais que ma lettre n'en exigeoit point. Je le renverrai, sous peu de jours, vous demander quand la musique, dont vous avez bien voulu vous charger, sera prête. Si Mme. Rousseau m'a bien servie, vous assignerez le courant de ce mois; si elle a trompé mon espérance, en répondant au *mois de juin*, vous vous délivrerez de moi peut-être pour l'éternité! Jean-Jacques, je ne me suis pas attiré cette dure exclusion : croyez-moi, ou plutôt croyez-en votre expérience; c'est en me voyant que vous guérirez de la peur, seul mal que je puisse vous faire. Je reviens bien des fois à la charge, il est vrai, surtout n'ayant pas oublié que vous trouvâtes la fierté de Mme. *** *de fort bon exemple.* Cependant, je suis fière aussi : avec une imagination vive, un cœur sensible, et des sens froids, jamais femme ne manqua de l'être. Mais je ne le suis pas sans discernement; et, traiter avec vous, qui ne ressemblez à personne, comme je traite avec tout le monde, me paroîtroit le comble du ridicule. Adieu, cher Jean-Jacques; peut-être me saurez-vous mauvais gré de la démarche que je me permets; peut-être aussi...... Qui sait si ce penchant que vous vous obstinez à combattre, ne vous rend pas quelquefois, à mon égard, plus juste que vous ne le voudriez ? Quoi qu'il en soit, celui qui m'a déterminée pour vous, ne se démentira jamais; même en mourant, je me montrerai votre amie; mes flambeaux funéraires vous éclaireront sur mes *vrais motifs*, qui, dites-vous, *peuvent à présent vous échapper*, et ma mémoire sera enfin exempte de soupçon, comme ma vie est exempte de reproche.

(*De Rousseau.*)

Ce mercredi, 24 juin 1772.

Voici, Madame, votre partition ; je vous demande pardon de mon étourderie et du *qui-proquo*. N'ayant pas en ce moment le temps d'examiner la *Reine fantasque*, et ne voulant pas abuser de la complaisance que vous avez de me la laisser, je vous la renvoie, avec mes remercîmens. Je vous en dois de plus grands pour l'offre que vous m'avez bien voulu faire de comparer avec les bonnes éditions, les éditions que l'on fait ici de mes écrits, et que je dois croire frauduleuses, puisqu'on me les cache avec tant de soin. Je sens le prix de cette offre, et j'y suis sensible; mais la dépense et la peine que vous coûteroit son exécution, ne me permettent pas d'y consentir.

J'ai eu l'honneur, Madame, de vous voir hier pour la troisième fois de ma vie ; j'ai réfléchi sur l'entretien où vous m'avez engagé et sur les choses que vous m'y avez dites ; le résultat de ces réflexions est de me confirmer pleinement dans la résolution dont je vous ai fait part ci-devant, et à laquelle vous vous devez, selon moi, de ne plus porter d'obstacle, à moins que vous n'ayez pour cela des raisons particulières que je ne sais pas, et auxquelles, par cette raison, je suis dispensé de céder.

(*De Marianne.*)

Le 24 juin 1772.

Le refus que vous faites de disposer de la *Reine fantasque*, me blesse jusqu'au fond du cœur, mon cher Jean Jacques. Craignez-vous les obligations qu'un si léger service peut vous imposer? ou mon empressement vous est-il suspect d'artifice? Eh! mon Dieu, si les caractères de la vérité ne vous frappent pas en moi, qu'appelez-vous donc évidence?

On a, dites-vous, la fureur de vous protéger malgré vous: ce projet me paroît odieux, parce qu'il tend à vous avilir. Moi, que vous ne voulez pas excepter de la proscription générale, j'ai le desir de vous obliger, quoique vous ne daigniez pas y consentir, et je suis sûre que ce desir est louable, parce qu'il nous honore tous les deux. Je comparerai donc les bonnes éditions de vos écrits avec celle que fait *Simon* : la peine et la dépense ne me coûtent rien, quand il s'agit de vous servir, ou plutôt l'une devient un gain, et l'autre une jouissance. Je vous enverrai le résultat de cette comparaison d'éditions ; si vous ne le voulez pas voir, vous me le renverrez : une dureté de plus ne vous rendra ni moins estimable à mes yeux, ni moins cher au cœur de votre amie.

Oui, sans doute, j'ai, pour souhaiter de vous voir, des *raisons* très-*particulières*, et que vous connoissez très-bien, quoique vous n'y cédiez pas. Elles sont toutes prises dans un attachement qui n'a point d'exemple, et voilà en quoi consiste leur particularité. Quant à ce qui m'est dû, j'en suis meilleur juge que personne, et ne fais grâce, sur ce point, ni aux autres, ni à moi. Je vous l'ai déjà dit en d'autres termes ; rien de ce qui a rapport à vous ne peut compromettre ma dignité. Ce n'est donc pas pour moi, c'est pour vous que je respecte le changement que vos réflexions ont opéré en vous depuis hier, changement qui ne m'étoit certainement pas annoncé par le mouvement involontaire que vous fîtes quand je vous quittai, et dont vous semblez ne m'avoir fait goûter la douceur, que pour me rendre la résolution qui le suit plus amère. Quoi qu'il en soit de vos desseins, le mien est à perpétuité de faire ce que je croirai vous être agréable, et par conséquent, de vous délivrer de ma présence, jusqu'à ce que vous soyez libre des incroyables soupçons qui vous obsèdent. Que ne partagez-vous la façon de penser qu'a Mme. Rousseau sur mon compte? Qui aurois-je cru plus clairvoyant que vous ?

Adieu, mon cher Jean-Jacques. Je vous renvoie la *Reine fantasque*, et vous trouve de beaucoup trop poli. Si vous persistez à ne pas vouloir la garder, de grâce, renvoyez-la moi sous enveloppe par la petite poste, plutôt que de la remettre à mon laquais, aux yeux de qui ce ballottage pourroit, à la fin, n'être pas sans conséquence pour moi.

(*De la même.*)

Mars 1775.

Madame de Franqueville, autrefois Mme. de la Tour, et toujours votre plus ardente amie, demeure actuellement *rue Beauregard, au coin de la rue Ste.-Barbe.* C'est là que vous la trouverez disposée à faire tout ce qui pourra dépendre d'elle, si elle est assez heureuse pour pouvoir vous être bonne à quelque chose.

(*De la même.*)

18 juin 1776.

Je vais, cher Jean-Jacques, passer cinq mois à ma campagne ; je voudrois bien ne point partir sans savoir de vos nouvelles ; faites-m'en dire, je vous en conjure ; je ne vous demande rien de plus, mon malheur m'en a ôté le droit, et ma raison l'envie. Mais si je n'espère plus rien de vous, mon amitié n'a plus besoin du soutien de la vôtre. N'ai-je pas vos ouvrages et un cœur fait pour les goûter ? N'ai-je pas le souvenir et les preuves de la tendre affection dont vous m'honorâtes autrefois ? N'ai-je pas la certitude que je souffre bien plus, parce que vous rendez justice aux autres, que parce que vous me la refusez ?........ Cher Jean-Jacques, je ne sais s'il est possible de cesser de vous aimer ; ce que je sais, c'est qu'indifférent ou sensible, je vous verrai toujours tel que vous fûtes pour moi pendant quelques années, et je serai toujours ce que je suis pour vous.

(*De la même.*)

Le 15 novembre 1776.

Je reviens de la campagne, mon cher Jean-Jacques. J'apprends l'accident qui vous est arrivé, et j'envoie, avec le plus inquiet empressement, savoir s'il n'a point eu de suites fâcheuses ; car, bien que le changement de mon nom ne vous ait pas inspiré la moindre inquiétude sur celui de mon sort, bien que vous me traitiez avec une indifférence assommante, jamais, non, jamais je n'en concevrai pour vous.

LETTRES

DE

J. J. ROUSSEAU

A M. DU PEYROU.

CORRESPONDANCE

ORIGINALE ET INÉDITE

DE J. J. ROUSSEAU.

Lettres de J. J. Rousseau à M. du Peyrou.

A Motiers, le 12 septembre 1764.

Je prends le parti, Monsieur, suivant votre idée, d'attendre ici votre passage; s'il arrive que vous alliez à Cressier, je pourrai prendre celui de vous y suivre, et c'est de tous les arrangemens celui qui me plaira le plus. En ce cas-là j'irai seul, c'est-à-dire, sans Mlle. le Vasseur, et je resterai seulement deux ou trois jours pour essai, ne pouvant guères m'éloigner en ce moment plus long-temps d'ici. Je comprends, au temps que demande la Dame Guinchard pour ses préparatifs, qu'elle me prend pour un sibarite. Peut-être aussi veut-elle soutenir la réputation du cabaret de Cressier ; mais cela lui sera difficile, puisque les plats, quoique bons, n'en font pas la bonne chère, et qu'on n'y remplace pas l'hôte par un cuisinier. Vous aurez, à Monlezi, un autre hôte, qui n'est pas plus facile à remplacer, et des hôtesses qui le sont encore moins. Monlezi doit être une espèce de mont Olympe pour tout ce qui l'habite en pareille compagnie. Bonjour, Monsieur : quand vous reviendrez parmi les mortels, n'oubliez pas, je vous prie, celui de tous qui vous honore le plus, et qui veut vous offrir, au lieu d'encens, des sentimens qui le valent bien.

Ce dimanche matin.

Mon état met encore plus d'obstacle que le temps à mon départ. Ainsi j'abandonne, pour le présent, mon premier projet de voyage, qui ne me permettroit pas d'être ici de retour à la fin du mois, ce qu'il faut absolument ; mais, au lieu de cela, je prendrai le parti de descendre à Neuchâtel, et d'y passer quelques jours avec vous ; ainsi, vous pouvez, si vous y descendez, me prendre avec vous, où nous descendrons séparément, toujours en supposant que mon état le permette.

Je fais mille salutations et respects à tous les habitans et habitantes de Monlezi. Je ne dois entrer pour rien dans l'arrangement de voyage de M. Chaillet, parce que je ne prévois pas pouvoir descendre aussitôt que lui. Mme. Boy de la Tour me charge de lui marquer, de même qu'à Madame, l'empressement qu'elle a de les voir ici. Elle leur fait dire aussi, pour nouvelle, que Mme. de Froment est arrivée hier à Colombier. Nous verrons votre besogne, quand nous nous verrons; et c'est sur-tout pour en conférer ensemble que je veux passer deux ou trois jours avec vous. J'écris si à la hâte, que je ne sais ce que je dis, sinon quand je vous assure que je vous aime de tout mon cœur.

Le portrait est fait, et on le trouve assez ressemblant; mais le peintre n'en est pas content.

***

Le 17 septembre 1764.

Le temps qu'il fait, ni mon état présent, ne me permettent pas, Monsieur, de fixer le jour auquel il me sera possible d'aller à Cressier. Mais, s'il faisoit beau, et que je fusse mieux, je tâcherois, d'aujourd'hui ou de demain en huit, d'aller coucher à Neuchâtel; et, de là, si votre carrosse étoit chez vous, je pourrois, puisque vous le permettez, le prendre pour aller à Cressier. Mon desir d'aller passer quelques jours près de vous est certain; mais je suis si accoutumé à voir contrarier mes projets, que je n'ose presque plus en faire; toutefois, voilà le mien, quant à présent; et, s'il arrive que j'y renonce, j'aurai sûrement regret de n'avoir pu l'exécuter. Mille remercîmens, Monsieur, et salutations de tout mon cœur.

Je ne comprends pas bien, Monsieur, pourquoi vous avez affranchi votre lettre. Comme je n'aime pas pointiller, je n'affranchis pas la mienne. Quand on s'écarte de l'usage, il faut avoir des raisons; j'en aurois une, et vous n'en aviez point, que je sache.

Le 10 octobre 1764.

Traité historique des plantes qui croissent dans la Lorraine et les Trois-Évêchés; par M. P. J. Buchoz, avocat au parlement de Metz, docteur en médecine, etc.

Cet ouvrage, dont deux volumes ont déjà

paru, en aura vingt *in*-8°., avec des planches gravées.

J'en étois ici, Monsieur, quand j'ai reçu votre docte lettre; je suis charmé de vos progrès; je vous exhorte à continuer; vous serez notre maître, et vous aurez tout l'honneur de notre futur savoir. Je vous conseille pourtant de consulter M. Marais sur les noms des plantes, plus que sur leur étymologie; car *asphodelos*, et non pas *asphodeilos*, n'a pour racine aucun mot qui signifie ni *mort*, ni *herbe*, mais tout au plus un verbe, qui signifie *je tue*, parce que les pétales de l'asphodèle ont quelque ressemblance à des fers de piques. Au reste, j'ai connu des asphodèles qui avoient de longues tiges, et des feuilles semblables à celles des lis. Peut-être faut-il dire correctement: *du genre des asphodèles*. La plante aquatique est bien nénuphar, autrement *nymphæa*, comme je disois. Il faut redresser ma faute sur le calament, qui ne s'appelle pas en latin *calamentum*, mais *calamintha*, comme qui diroit belle menthe.

Le temps, ni mon état présent, ne m'en laissent pas dire davantage. Puisque mon silence doit parler pour moi, vous savez, Monsieur, combien j'ai à me taire.

Le 29 novembre 1764.

Le temps et mes tracas ne me permettant pas, Monsieur, de répondre à présent à votre dernière lettre, dont plusieurs articles m'ont ému et pénétré, je destine uniquement celle-ci à vous consulter sur un article qui m'intéresse, et sur lequel je vous épargnerois cette importunité, si je connoissois quelqu'un qui me parût plus digne que vous de toute ma confiance.

Vous savez que je médite depuis long-temps de prendre le dernier congé du public, par une édition générale de mes écrits, pour passer dans la retraite et le repos, le reste des jours qu'il plaira à la Providence de me départir. Cette entreprise doit m'assurer du pain, sans lequel il n'y a ni repos ni liberté parmi les hommes : ce recueil sera d'ailleurs le monument sur lequel je compte obtenir de la postérité le redressement des jugemens iniques de mes contemporains. Jugez par là si je dois regarder comme importante pour moi cette entreprise, sur laquelle mon indépendance et ma réputation sont fondées.

Le libraire Fauche, aidé d'un associé, jugeant que cette affaire lui peut être avantageuse, desire de s'en charger, et pressentant l'obstacle que la pédanterie de vos ministraux peut mettre à son exécution dans Neuchâtel, il projette, en supposant l'agrément du conseil d'état, dont pourtant je doute, d'établir son imprimerie à Motiers, ce qui me seroit très-commode; et il est certain qu'à considérer la chose en homme d'état, tous les membres du Gouvernement doivent favoriser cette entreprise, qui versera peut-être cent mille écus dans le pays.

Cet agrément donc supposé (c'est son affaire), il reste à savoir si ce sera la mienne de consentir à cette proposition, et de me lier par un traité en forme : voilà, Monsieur, sur quoi je vous consulte. Premièrement, croyez-vous que ces gens-là puissent être en état de consommer cette affaire avec honneur, soit du côté de la dépense, soit du côté de l'exécution; car l'édition que je me propose de faire étant destinée aux grandes bibliothèques, doit être un chef-d'œuvre de typographie, et je n'épargnerai point ma peine pour que c'en soit un de correction ? En second lieu, croyez-vous que les engagemens qu'ils prendront avec moi soient assez sûrs pour que je puisse y compter, et n'avoir plus de souci là-dessus le reste de ma vie? En supposant qu'oui, voudrez-vous bien m'aider de vos soins et de vos conseils, pour établir mes sûretés sur un fondement solide? Vous sentez que mes infirmités croissant, et la vieillesse avançant par-dessus le marché, il ne faut pas que, hors d'état de gagner mon pain, je m'expose au danger d'en manquer. Voilà l'examen que je soumets à vos lumières, et je vous prie de vous en occuper par amitié pour moi. Votre réponse, Monsieur, réglera la mienne ; j'ai promis de la donner dans quinze jours. Marquez-moi, je vous prie, avant ce ce temps-là, votre sentiment sur cette affaire, afin que je puisse me déterminer.

Le 8 décembre 1764.

Quoique les affaires et les visites dont je suis accablé ne me laissent presqu'aucun moment à moi, et que d'ailleurs celle qui m'occupe en ce moment me rende nécessaire d'en délibérer avec vous, Monsieur, puisque vous y consentez, ne pouvant me ménager du temps pour suffire à tout, je donne la préférence au soin de vous tranquilliser sur ce terrible B qui vous inquiète, et qui vous a paru suffisant pour effacer ou balancer le témoignage de tous mes écrits et de ma vie entière, sur les sentimens que j'ai constamment professés et que je professerai jusqu'à mon dernier soupir. Puisqu'une seule lettre de l'alphabet a tant de puissance, il faut croire désormais aux vertus des talismans. Ce B signifie *Bon*, cela est certain ; mais comme vous m'en demandez l'explication, sans me transcrire les passages auxquels il se rapporte, et dont je n'ai pas le moindre souvenir, je ne puis vous satisfaire, que préalablement vous n'ayez eu la bonté de m'envoyer ces passages, en y ajoutant le sens que vous donnez au B qui vous inquiète ; car il est à présumer que ce sens n'est pas le mien. Peut-être alors, en vous développant ma pensée, viendrai-je à bout de vous édifier sur ce point. Tout ce que je puis vous dire d'avance est que non-seulement je ne suis pas matérialiste, mais que je ne me souviens pas même d'avoir été un seul moment en ma vie tenté de le devenir. Bien est-il vrai que sur un grand nombre de propositions, je suis d'accord avec les matérialistes, et celles où vous avez vu des B sont apparemment de ce nombre ; mais il ne s'ensuit nullement que ma méthode de déduction et la leur soient la même, et me conduise aux mêmes conclusions. Je ne puis, quant à présent, vous en dire davantage, et il faut savoir sur quoi roulent vos difficultés avant de songer à les résoudre. En attendant, j'ai des excuses à vous faire du souci que vous a causé mon indiscrétion, et je vous promets que si jamais je suis tenté de barbouiller des marges de livres, je me souviendrai de cette leçon.

Le 31 décembre 1764.

Votre lettre m'a touché jusqu'aux larmes ; je vois que je ne me suis pas trompé, et que vous avez une ame honnête : vous serez un homme précieux à mon cœur. Lisez l'imprimé ci-joint : voilà, Monsieur, à quels ennemis j'ai affaire ; voilà les armes dont ils m'attaquent. Renvoyez-moi cette pièce quand vous l'aurez lue ; elle entrera dans les monumens de l'histoire de ma vie. Oh ! quand un jour le voile sera déchiré, que la postérité m'aimera ! qu'elle bénira ma mémoire ! Vous, aimez-moi maintenant, et croyez que je n'en suis pas indigne. Je vous embrasse.

Le 31 janvier 1765.

Voici, Monsieur, deux exemplaires de la pièce que vous avez déjà vue, et que j'ai fait imprimer à Paris. C'étoit la meilleure réponse qu'il me convenoit d'y faire.

Voici aussi la procuration sur votre dernier modèle, je doute qu'elle puisse avoir son usage. Pourvu que ce ne soit ni votre faute, ni la mienne, il importe peu que l'affaire se rompe; naturellement je dois m'y attendre, et je m'y attends.

Voici enfin la lettre de M. de Buffon, de laquelle je suis extrêmement touché. Je veux lui écrire, mais la crise horrible où je suis ne me le permettra pas sitôt. Je vous avoue cependant que je n'entends pas bien le conseil qu'il me donne de ne me pas mettre à dos M. de Voltaire; c'est comme si l'on conseilloit à un passant attaqué dans un grand chemin, de ne pas se mettre à dos le brigand qui l'assassine. Qu'ai-je fait pour m'attirer les persécutions de M. de Voltaire, et qu'ai-je à craindre de pis de sa part ? M. de Buffon veut-il que je fléchisse ce tigre altéré de mon sang ? Il sait bien que rien n'appaise ni ne fléchit jamais la fureur des tigres. Si je rampois devant Voltaire, il en triompheroit sans doute, mais il ne m'en égorgeroit pas moins : des bassesses me déshonoreroient et ne me sauveroient pas. Monsieur, je sais souffrir, j'espère apprendre à mourir ; qui sait cela n'a jamais besoin d'être lâche.

Il a fait jouer les pantins de Berne, à l'aide de son ame damnée, le jésuite Bertrand ; il joue à présent le même jeu en Hollande. Toutes les puissances plient sous l'ami des ministres, tant politiques que presbytériens. A cela que puis-je faire ? Je ne doute presque pas du sort qui m'attend sur le canton de Berne, si j'y mets les pieds ; cependant j'en aurai le cœur net, et je veux voir jusqu'où, dans ce siècle aussi doux qu'éclairé, la philosophie et l'humanité seront poussées. Quand l'inquisiteur Voltaire m'aura fait brûler, cela ne sera pas plaisant pour moi, je l'avoue ; mais avouez aussi que pour la chose, cela ne sauroit l'être plus.

Je ne sais pas encore ce que je deviendrai cet été : je me sens ici trop près de Genève et de Berne pour y goûter un moment de tranquillité. Mon corps y est en sûreté, mais mon ame y est incessamment bouleversée. Je voudrois trouver quelqu'asile où je pusse au moins achever de vivre en paix. J'ai quelqu'envie d'aller chercher en Italie une inquisition plus douce et un climat moins rude : j'y suis desiré, et je suis sûr d'y être accueilli. Je ne me propose pourtant pas de me transplanter brusquement, mais d'aller seulement reconnoître les lieux, si mon état me le permet, et qu'on me laisse les passages libres, de quoi je doute. Le projet de ce voyage trop éloigné ne me permet pas de songer à le faire avec vous, et je crains que l'objet qui me le faisoit sur-tout desirer ne s'éloigne. Ce que j'avois besoin de connoître mieux, n'étoit assurément pas la conformité de nos sentimens et de nos principes, mais celle de nos humeurs, dans la supposition d'avoir à vivre ensemble, comme vous aviez eu l'honnêteté de me le proposer. Quelque parti que je prenne, vous connoîtrez, Monsieur, je m'en flatte, que vous n'avez pas mon estime et ma confiance à demi ; et, si vous prouvez que certains arrangemens ne vous porteront pas un notable préjudice, je vous remettrai, puisque vous le voulez bien, l'embarras de tout ce qui regarde, tant la collection de mes écrits, que l'honneur de ma mémoire; et, perdant toute autre idée que de me préparer au dernier passage, je vous devrai avec joie le repos du reste de mes jours.

J'ai l'esprit trop agité maintenant pour prendre un parti; mais, après y avoir mieux pensé, quelque parti que je prenne, ce ne sera point sans en causer avec vous, et sans vous faire entrer pour beaucoup dans mes résolutions dernières. Je vous embrasse de tout mon cœur.

Le 14 février 1765.

Voici, Monsieur, le projet que vous avez pris la peine de me dresser; sur quoi je ne vous dis rien, par la raison que vous savez. Je vous prie, si cette affaire doit se conclure, de vouloir bien décider de tout à votre volonté, je confirmerai tout; car, pour moi, j'ai maintenant l'esprit à mille lieues de là, et, sans vous, je n'irois pas plus loin, par le seul dégoût de parler d'affaires. Si ce que les associés disent dans leur réponse, article premier de mon *Ouvrage sur la Musique*, s'entend du Dictionnaire, je m'en rapporte là-dessus à la réponse verbale que je leur ai faite. J'ai, sur cette compilation, des engagemens antérieurs qui ne me permettent plus d'en disposer; et, s'il arrivoit que, changeant de pensée, je le comprisse dans mon recueil, ce que je ne promets nullement, ce ne seroit qu'après qu'il auroit été imprimé à part par le libraire auquel je suis engagé.

Vous ne devez point, s'il vous plaît, passer outre, que les associés n'aient le consentement formel du conseil d'état, que je doute fort qu'ils obtiennent. Quant à la permission qu'ils ont demandée à la Cour, je doute encore plus qu'elle leur soit accordée. Milord Maréchal connoît là-dessus mes intentions; il sait que non-seulement je ne demande rien, mais que je suis très-déterminé à ne jamais me prévaloir de son crédit à la cour, pour y obtenir quoi que ce puisse être, relativement au pays où je vis, qui n'ait pas l'agrément du gouvernement particulier du pays même. Je n'entends me mêler en aucune façon de ces choses-là, ni traiter, qu'elles ne soient décidées.

Le 4 mars 1765.

Je vous dois une réponse, Monsieur, je le sais; l'horrible situation de corps et d'ame où je me trouve, m'ôte la force et le courage d'écrire. J'attendois de vous quelques mots de consolation; mais je vois que vous comptez à la rigueur avec les malheureux. Ce procédé n'est pas injuste, mais il est un peu dur dans l'amitié.

Le 7 mars 1765.

Pour Dieu, ne vous fâchez pas, et sachez pardonner quelques torts à vos amis dans leur misère. Je n'ai qu'un ton, Monsieur, et il est quelquefois un peu dur; il ne faut pas me juger sur mes expressions, mais sur ma conduite; elle vous honore, quand mes termes vous offensent. Dans le besoin que j'ai des consolations de l'amitié, je sens que les vôtres me manquent, et je m'en plains; cela est-il donc si désobligeant?

Si j'ai écrit à d'autres, comment n'avez-vous pas senti l'absolue nécessité de répondre, et sur-tout dans la circonstance, à des personnes avec qui je n'ai point de correspondance habituelle, et qui viennent au fort de mes malheurs y prendre le plus généreux intérêt? Je croyois que sur ces lettres même vous vous diriez : il n'a pas le temps de m'écrire, et que vous vous souviendriez de nos conventions. Falloit-il donc, dans une occasion si critique, abandonner tous mes intérêts, toutes mes affaires, mes devoirs même, de peur de manquer avec vous à l'exactitude d'une réponse dont vous m'aviez dispensé? Vous vous seriez offensé de ma crainte, et vous auriez eu raison. L'idée même, très-fausse assurément, que vous aviez de m'avoir chagriné par votre lettre, n'étoit-elle pas pour votre bon cœur un motif de réparer le mal que vous supposiez m'avoir fait? Dieu vous préserve d'afflictions; mais, en pareil cas, soyez sûr que je ne compterois pas vos réponses. En tout autre cas, ne comptez jamais mes lettres, ou rompons tout, car aussi bien ne tarderions-nous pas à rompre. Mon caractère vous est connu, je ne saurois changer.

Toutes vos autres raisons ne sont que trop bonnes; je vous plains dans vos tracas, et les approches de votre goutte me chagrinent sur-tout vivement, d'autant plus, que dans l'extrême besoin de me distraire, je me promettois des promenades délicieuses avec vous. Je sens encore que ce que je vais vous dire peut être bien déplacé parmi vos affaires; mais il faut vous montrer si je vous crois le cœur dur, et si je manque de confiance en votre amitié. Je ne fais pas des complimens, mais je prouve.

Il faut quitter ce pays, je le sens, il est trop près de Genève, on ne m'y laisseroit jamais en repos. Il n'y a guères qu'un pays catholique qui me convienne, et c'est de là, puisque vos ministres veulent tant la guerre, qu'on peut leur en donner le plaisir tout leur soûl. Vous sentez, Monsieur, que ce déménagement a ses embarras. Voulez-vous être dépositaire de mes effets, en attendant que je me fixe? Voulez-vous acheter mes livres ou m'aider à les vendre? Voulez-vous prendre quelqu'arrangement, quant à mes ouvrages, qui me délivre de l'horreur d'y penser, et de m'en occuper le reste de ma vie? Toute cette rumeur est trop vive et trop folle pour pouvoir durer. Au bout de deux ou trois ans, toutes les difficultés pour l'impression seront levées, sur-tout quand je n'y serai plus. En tout cas, les autres lieux, même au voisinage, ne manqueront pas. Il y a sur tout cela des détails qu'il seroit trop long d'écrire, et sur lesquels, sans que vous soyez marchand, et sans que vous me fassiez l'aumône, cet arrangement peut m'être utile, et ne vous pas être onéreux. Cela demande d'en conférer; il faut voir seulement si vos affaires présentes vous permettent de penser à celle-là.

Vous savez donc le triste état de la pauvre Mme. Guyenet, femme aimable, d'un vrai mérite, d'un esprit aussi fin que juste, et pour qui la vertu n'étoit pas un vain mot. Sa famille est dans la plus grande désolation, son mari est au désespoir, et moi je suis déchiré. Voilà, Monsieur, l'objet que j'ai sous les yeux pour me consoler d'un tissu de malheurs sans exemple.

J'ai des accès d'abattement, cela est assez naturel dans l'état de maladie; et ces accès sont très-sensibles, parce qu'ils sont les momens où je cherche le plus à m'épancher. Mais ils sont courts, et n'influent point sur ma conduite. Mon état habituel est le courage, et vous le verrez peut-être dans cette affaire, si l'on me pousse à bout; car je me fais une loi d'être patient jusqu'au moment où l'on ne peut plus l'être sans lâcheté. Je ne sais quel diable de mouche a piqué vos messieurs; mais il y a bien de l'extravagance à tout ce vacarme; ils en rougiront sitôt qu'ils seront calmés.

Mais, que dites-vous, Monsieur, de l'étourderie de vos ministres qui, vu leurs mœurs, leur crasse ignorance, devroient trembler qu'on apperçût qu'ils existent, et qui vont sottement payer pour les autres dans une affaire qui ne les regarde pas? Je suis persuadé qu'ils s'imaginent que je vais rester sur la défensive, et faire le pénitent et le suppliant : le conseil de Genève le croyoit aussi, je l'ai désabusé, je me charge de les désabuser de même. Soyez-moi témoin, Monsieur, de mon amour pour la paix et du plaisir avec lequel j'avois posé les armes; s'ils me forcent à les reprendre, je les reprendrai; car je ne veux pas me laisser battre à terre; c'est un point tout résolu. Quelle prise ne me donnent-ils pas? A trois ou quatre près que j'honore, et que j'excepte, que sont les autres? Quels mémoires n'aurai-je pas sur leur compte? Je suis tenté de faire ma paix avec tous les autres clergés aux dépens du vôtre; d'en faire le bouc d'expiation pour les péchés d'Israël. L'invention est bonne, et son succès est certain. Ne seroit-ce pas bien servir l'état, d'abattre si bien leur morgue, de les avilir à tel point qu'ils ne pussent jamais ameuter les peuples? J'espère ne pas me livrer à la vengeance; mais si je les touche, comptez qu'ils sont morts. Au reste, il faut premièrement attendre l'excommunication; car, jusqu'à ce moment ils me tiennent, ils sont mes pasteurs, et je leur dois du respect. J'ai là-dessus des maximes dont je ne me départirai jamais, et c'est pour cela que je les trouve bien peu sages de m'aimer mieux loup que brebis.

---

8 avril 1765.

Je n'ai le temps, Monsieur, que de vous écrire un mot. Votre inquiétude m'en donne une très-grande. S'il est cruel d'avoir des peines, il l'est bien plus encore de ne connoître pas un ami tendre, pas un honnête homme dans le sein duquel on les puisse épancher.

---

12 avril 1765.

Plus j'étois touché de vos peines, plus j'étois fâché contre vous, et en cela j'avois tort; le commencement de votre lettre me le prouve. Je ne suis pas toujours raisonnable, mais j'aime toujours qu'on me parle raison. Je voudrois connoître vos peines pour les soulager, pour les partager du moins. Les vrais épanchemens du cœur veulent non-seulement l'amitié, mais la familiarité, et la familiarité ne vient que par l'habitude de vivre ensemble. Puisse un jour cette habitude si douce donner, entre nous, à l'amitié tous ses charmes ! Je les sentirai trop bien pour ne pas vous les faire sentir aussi.

La sentence de Cicéron que vous demandez, est *amicus Plato, amicus Aristoteles, sed magis amica veritas.* Mais vous pourrez la resserrer, en n'employant que les deux premiers mots et les trois derniers; et souvenez-vous qu'elle emporte l'obligation de me dire mes vérités. Au lieu de vous dire précisément si vous devez employer le terme de *conclave inquisitorial*, j'aime mieux vous exposer le principe sur lequel je me détermine en pareil doute. Qu'une expression soit ou ne soit pas ce qu'on appelle française ou du bel usage, ce n'est pas de cela qu'il s'agit : on ne parle et l'on n'écrit que pour se faire entendre ; pourvu qu'on soit intelligible, on va à son but; quand on est clair, on y va encore mieux : parlez donc clairement pour quiconque entend le français. Voilà la règle, et soyez sûr que, fissiez-vous au surplus cinq cents barbarismes, vous n'en aurez pas moins bien écrit. Je vais plus loin, et je soutiens qu'il faut quelquefois faire des fautes de grammaire pour être plus lumineux. C'est en cela, et non dans toutes les pédanteries du purisme, que consiste le véritable art d'écrire. Ceci posé, j'examine, sur cette règle, le *conclave inquisitorial*, et je me demande si ces deux mots réunis présentent à l'esprit une idée bien une et bien nette, et il me paroît que non. Le mot *conclave* en latin, ne signifie qu'une chambre retirée ; mais en français, il signifie l'assemblée des cardinaux pour l'élection du pape. Cette idée n'a nul rapport à la vôtre, et elle exclut même celle de l'inquisition. Voyez si, peut-être en changeant le premier mot, et mettant, par exemple, celui de *synode inquisitorial*, vous n'iriez pas mieux à votre but. Il semble même que le mot *synode*, pris pour une assemblée de ministres, contrastant avec celui d'*inquisitorial*, feroit mieux sentir l'inconséquence de ces messieurs. L'union seule de ces deux mots feroit, à mon sens, un argument sans réplique ;

et voilà en quoi consiste la finesse de l'emploi des mots. Pardon, Monsieur, de mes longueries; mais, comme vous pouvez avoir quelquefois, dans l'honnêteté de votre ame, l'occasion de parler au public, pour le bien de la vérité, j'ai cru que vous seriez peut-être bien aise de connoître la règle générale qui me paroît toujours bonne à suivre dans le choix des mots.

Comme je suis très-persuadé que votre ouvrage n'aura nul besoin de ma révision, je vous prie de m'en dispenser à cause de la matière. Il convient que je puisse dire que je n'y ai aucune part et que je ne l'ai pas vu; il est même inutile de m'envoyer aucune des pièces que vous vous proposez d'y mettre, puisqu'il me suffira de les trouver toutes dans l'imprimé.

---

15 avril 1765.

Je prends acte du reproche que vous me faites, de trop de précipitation vis-à-vis de M. Vernes, et je vous prédis que dans trois mois d'ici vous me reprocherez trop de lenteur et de modération.

Je n'aime pas que les choses qui se sont passées dans le tête à tête se publient ; c'est pourquoi la note sur laquelle vous me consultez est peu de mon goût. Je n'aime pas même trop, dans le texte, l'épithète *si doux*, donnée aux éloges du professeur. Il y a de l'erreur dans mes éloges, mais je ne crois pas qu'il y ait de la fadeur, et quand il y en auroit, je ne voudrois pas que ce fût vous qui la relevassiez. Au reste, je n'exige rien, je dis mon goût, suivez le vôtre.

Charité veut dire *amour*; ainsi l'on n'aime jamais que par charité, c'est par charité que je vous aime et que je veux être aimé de vous. Mais ce mot part d'une ame triste, et n'échappe pas à la mienne. J'ai besoin d'être auprès de vous, mais pas un moment de relâche, ni dans le mauvais temps, ni dans mon état : cela est bien cruel. Fi du *Monsieur*, je ne puis le souffrir. Je vous embrasse.

22 avril 1765.

L'amitié est une chose si sainte, que le nom n'en doit pas même être employé dans l'usage ordinaire ; ainsi, nous serons amis, et nous ne dirons pas mon ami. J'eus un surnom jadis que je crois mériter mieux que jamais; à Paris, on ne m'appeloit que le *citoyen*. A votre égard, prenez un nom de société qui vous plaise et que je puisse vous donner. Je me plais à songer que vous devez être un jour mon cher hôte, et j'aimerois à vous en donner le titre d'avance; mais celui-là ou un autre, prenez-en un qui soit de votre goût, et qui supprime entre nous le maussade mot de *Monsieur*, que l'amitié et sa familiarité doivent proscrire.

Votre petite note est très-bien. Sur ce que j'apprends, il me paroît important que vous preniez vos mesures si justes et si sûres, que l'écrit paroisse avant la générale de mai. J'ai eu le plaisir de voir M. de Pury, c'est un digne homme dont je n'oublierai jamais les services. Je souffre toujours beaucoup.

Je vous embrasse.

Examinez toujours le cachet de mes lettres, pour voir si elles n'ont point été ouvertes, et pour cause; je me servirai toujours de la lyre.

---

29 avril 1765.

Votre avis, mon cher hôte, de ne faire passer

aucun exemplaire par mes mains, est très-sage : c'est une réflexion que j'avois faite moi-même, et que je comptois vous communiquer.

J'ai reçu votre présent, je vous en remercie; il me fait grand plaisir, et je brûle d'être à portée d'en faire usage. J'ai plus que jamais la passion de la botanique, mais je vois avec confusion que je ne connois pas encore assez de plantes empiriquement pour les étudier par système. Cependant, je ne me rebuterai pas, et je me propose d'aller, dans la belle saison, passer une quinzaine de jours près de M. Gagnebin, pour me mettre en état du moins de suivre Linnœus.

J'ai dans la tête que si vous pouvez vous soutenir jusqu'au temps de notre caravane, elle vous garantira d'être arrêté durant le reste de l'année, vu que la goutte n'a point de plus grand ennemi que l'exercice pédestre. Vous devriez prendre la botanique par remède, quand vous ne la prendriez pas par goût. Au reste, je vous avertis que le charme de cette science consiste sur-tout dans l'étude anatomique des plantes; je ne puis faire cette étude à mon gré, faute des instrumens nécessaires, comme microscopes de diverses mesures de foyer, petites pinces bien menues, semblables aux brusselles des joailliers, ciseaux très-fins à découper. Vous devriez tâcher de vous pourvoir de tout cela pour notre course, et vous verrez que l'usage en est très-agréable et très-instructif.

Vous me parlez de temps remis, il ne l'est assurément pas ici; j'ai fait quelques essais de sortie qui m'ont réussi médiocrement, et jamais sans pluie. Il me tarde d'aller vous embrasser; mais il faut faire des visites, et cela m'épouvante un peu, sur-tout vu mon état.

Notre archiprêtre continue ses ardentes philippiques; il en a fait hier une, dans laquelle il s'est tellement attendri sur les miracles, qu'il fondoit en larmes, et y faisoit fondre ses pieux auditeurs. Il paroît avoir pris le parti le plus sûr, c'est de ne point s'embarrasser du conseil d'État, ni de la classe, mais d'aller ici son train en ameutant la canaille. Cependant, tout s'est borné jusqu'à présent à quelques insultes, et comme je ne réponds rien du tout, ils auront difficilement occasion d'aller plus loin.

Quand verrez-vous la fin de ce vilain procès? Je voudrois aussi voir votre bâtiment fini, pour y occuper ma cellule, et vous appeler tout de bon mon cher hôte. Bonjour.

L'homme d'ici paroît absolument forcené et déterminé à pousser lui seul les choses aussi loin qu'elles peuvent aller. Il me paroît toujours plaisant qu'un homme aussi généralement méprisé, n'en soit pas moins redoutable. S'il espère m'effrayer au point de me faire fuir, il se trompe.

---

2 mai 1765.

Mon cher hôte, votre lettre à milord Maréchal est très-belle ; il n'y a pas une syllabe à ajouter ni à retrancher, et je vous garantis qu'elle lui fera le plus grand plaisir.

Je vois par le tour que prennent les choses, que l'archiprêtre sera bientôt forcé de me laisser en repos : c'est alors que je veux sortir de Motiers, lorsqu'il sera bien établi qu'étant maître d'y rester tranquille, ma retraite n'aura point l'air de fuite. Je crois qu'en pareil cas, je me déterminerai tout à fait à être à Cressier l'hôte de mon hôte, au moins si cela lui convient. Mais, quoique la maison soit trop grande pour moi, il me la faudroit toute entière accommodée, meublée, bien fermée et avec le petit jardin. Voilà bien des choses, voyez si ce n'en est pas trop. Il y a plus, quoiqu'au point où nous en sommes ce soit peut-être à moi une sorte d'ingratitude de ne pas accepter ce logement gratuitement, il faut, pour m'y mettre tout à fait à mon aise, que vous me louiez comme vous pourriez faire à tout autre, et que vous y compreniez les frais pour le mettre en état. Cela posé, je pourrois bien m'y établir pour le reste de ma vie, sauf à occuper près de vous un autre appartement en ville, quand votre bâtiment sera fait. Voilà, mon cher hôte, mes châteaux en Espagne, voyez s'il vous convient de les réaliser.

On me mande de Berne que le sieur Bertrand a demandé le 29 au sénat sa démission, et l'a obtenue sans difficulté; on ajoute qu'il quittera Berne. Le voyage de M. Chaillet n'auroit-il point contribué à cela?

Si le temps s'obstine à être mauvais, je suis bien tenté d'accepter votre offre; en ce cas, vous pourriez expédier vos tracas les plus pressés le reste de cette semaine, et m'envoyer votre carrosse lundi ou mardi prochain. Je vous irois joindre à Neuchâtel, et de là nous irions ensemble à Bienne, à pied, s'il faisoit beau; en carrosse, s'il faisoit mauvais. Ce qui m'embarrasse est que je voudrois auparavant à Gorgier voir M. Andrié, et je ne sais comment arranger ces diverses courses, d'autant moins qu'il faut absolument que je sois de retour ici les huit ou dix derniers jours du mois. Vous pourriez, dimanche au soir, m'écrire votre sentiment, lundi au soir je vous ferois ma réponse, et si le mauvais temps continuoit, vous m'enverriez votre carrosse pour me rendre mercredi près de vous; mais, s'il fait beau, j'irai premièrement et pédestrement à Gorgier. Voilà mes arrangemens, sauf les vôtres et sauf les obstacles tirés de mon état qui ne s'améliore point. Peut-être la vie sédentaire et méditative, la désagréable occupation d'écrire des lettres, l'attitude d'être assis qui me nuit et que je déteste, contribuent-elles à m'entretenir dans ce mauvais état.

Je reviens aux tracasseries d'ici, qui ne me fâchent pas tant par rapport à moi, que par rapport à ces braves anciens qui méritent tant d'encouragement, et que la canaille accable d'opprobres. Tout ce qui s'est fait en leur faveur n'a pas été assez solemnel; des arrêts secrets n'arrêtent point la populace qui les ignore. Un arrêt affiché, ou quelque témoignage public, d'approbation, voilà ce qu'on leur devroit pour l'utilité publique, et ce qui mortifieroit plus cruellement l'archiprêtre que toutes les censures du conseil d'État ou de la classe, faites à huis clos. Je prédis qu'il n'y a qu'un expédient de cette espèce qui puisse finir tout, et sur-le-champ. Je vous embrasse.

A vue de pays, je ne crois pas que la semaine prochaine je sois encore en état de voyager, à moins d'une révolution bien subite, que le temps ni mon état ne me promettent pas.

Ce jeudi, 23 mai 1765.

Dans la crainte que vous n'ayez besoin de votre Mémoire, je vous le renvoie après l'avoir lu. Je l'ai trouvé fort bien raisonné ; il me paroît seulement que vous assujettissez les sociétés en général, à des lois plus rigoureuses qu'elles ne sont établies par le droit public ; car, par exemple, selon vos principes, A étant allié de B, ne pourroit postérieurement s'engager à fournir à C des troupes en certain cas contre B, engagement qui toutefois se contracte et s'exécuté fréquemment, sans qu'on prétende avoir enfreint l'alliance antérieure.

Vous aurez su les nouvelles tentatives et leur mauvais succès; ce qui n'empêche pas que ce séjour ne soit devenu pour moi absolument inhabitable; ainsi, j'accepte tous vos bons soins, soit pour Suchié, soit pour Cressier, soit pour la Coudre, je m'en rapporte entièrement à votre choix; et, pour moi, je ne vois qu'une raison de préférence, après celle de loger chez vous, c'est pour le logement qui sera le plutôt prêt.

Il me paroît que vous pouvez prendre votre parti sur la brochure; je pense même que cette affaire, une fois éventée, en deviendra partout plus difficile à exécuter, et je vous conseille d'abandonner cette entreprise; que, si vous persistez, vous avez de nouvelles pièces à joindre à votre recueil; et, tandis que vous le compléterez, il faut travailler d'avance à prendre si bien vos mesures, que le manuscrit n'aille à sa destination qu'au moment qu'on pourra l'exécuter, et après que toutes les difficultés seront prévues et levées. La Hollande me paroît désormais le seul endroit sûr; mais il faut compter sur six mois d'attente.

Je suis bien éloigné d'avoir maintenant le loisir de travailler à notre écrit. Comme ce n'est pas un acte où le notaire doive mettre la main, et que notre convention générale est faite, rien ne presse sur le reste ; c'est ce que nous pourrons rédiger ensemble à loisir. Il s'agit seulement de savoir quand vous me permettrez d'en parler à mes amis ; car rien de ce qui s'intéresse à moi ne doit ignorer que je vous devrai le repos de ma vie.

---

11 juin 1765.

Si je reste un jour de plus, je suis pris : je pars donc, mon cher hôte, pour la Ferrière, où je vous attendrai avec le plus grand empressement, mais sans m'impatienter ; ce qui achève de me déterminer, est qu'on m'apprend que vous avez commencé à sortir. Je vous recommande de ne pas oublier parmi nos provisions, café, sucre, cafetière, briquet, et tout l'attirail pour faire, quand on veut, du café dans les bois. Prenez Linnœus et Sauvage, quelque livre amusant, et quelque jeu pour s'amuser plusieurs, si l'on est arrêté dans une maison par le mauvais temps. Il faut tout prévoir pour prévenir le désœuvrement et l'ennui.

Bonjour; je compte partir demain matin, s'il fait beau, pour aller coucher au Locle, et dîner ou coucher à la Ferrière, le lendemain jeudi. Je vous embrasse.

A la Ferrière, 16 juin 1765.

Me voici, mon cher hôte, à la Ferrière, où je ne suis arrivé que pour y garder la chambre, avec un rhume affreux, une assez grosse fièvre et une esquinancie, mal auquel j'étois très-sujet dans ma jeunesse, mais dont j'espérois que l'âge m'auroit exempté. Je me trompois; cette attaque a été violente, j'espère qu'elle sera courte. La fièvre est diminuée, ma gorge se dégage, j'avale plus aisément, mais il m'est encore impossible de parler.

J'apprends, par deux lettres que je viens de recevoir de M. de Pury, qu'il a pris la peine, allant, comme je pense, à Monlezi, de passer chez moi; j'étois déjà parti; j'y ai regret pour bien des raisons; entr'autres, parce que nous serions convenus du temps et de la manière de nous réunir. Il m'apprend que vous ne pourrez, de long-temps, vous mettre en campagne; cela me fait prendre le parti de me rendre auprès de vous; car je ne puis me passer plus long-temps de vous voir. Ainsi, vous pouvez attendre votre hôte au plus tard sur la fin de la semaine, à moins que d'ici à ce temps, je n'aie de vos nouvelles. Si vous pouviez venir à cheval jusqu'ici, je ne doute pas que l'excellent air, la beauté du paysage, et la tranquillité du pays, ne vous fît toutes sortes de bien, et que vous ne vous y rétablissiez plus promptement qu'où vous êtes.

Je n'écris point à M. le Colonel, parce que je ne sais s'il est à Neuchâtel ou à sa montagne; mais je vous prie de vouloir bien lui dire ou lui marquer que je ne connois pas assez M. Fischer pour le juger; que M. le comte de Dohna, qui a vécu avec lui plus que moi, doit en mieux juger, et qu'un homme ne se juge pas ainsi de la première vue. Tout ce que je sais, c'est qu'il a des connoissances et de l'esprit; il me paroît d'une humeur complaisante et douce; sa conversation est pleine de sens et d'honnêteté; j'ai même vu de lui des choses qui me paroissent annoncer des mœurs et de la vertu. Quand il n'est question que de voyager avec un homme, ce seroit être difficile de demander mieux que cela.

Au peu que j'ai vu sur la botanique, je comprends que je repartirai d'ici plus ignorant que je n'y suis arrivé, plus convaincu du moins de mon ignorance, puisqu'en vérifiant mes connoissances sur les plantes, il se trouve que plusieurs de celles que je croyois connoître, je ne les connoissois point. Dieu soit loué! c'est toujours apprendre quelque chose que d'apprendre qu'on ne sait rien. Le messager attend et me presse : il faut finir. Bonjour, mon cher hôte; je vous embrasse de tout mon cœur.

A Motiers, le 29 juin 1765.

Savez-vous, mon cher hôte, que vous me gâtez si fort, qu'il m'est désormais fort pénible de vivre éloigné de vous. Depuis deux jours que je suis de retour, il m'ennuie déjà de ne point vous voir. Je songe, en conséquence, à redescendre dès demain, et voici un arrangement qui fait à présent mon château en Espagne, et qui se réalisera ou se réformera selon que le temps, votre santé et votre volonté le permettront.

Si le temps se remet aujourd'hui, nous descendrons demain, M. d'Ivernois, Mlle. le Vasseur et moi; et, comme il n'est question que d'une nuit, pour ne pas nous séparer nous coucherons à l'auberge. Le lundi, j'irai avec M. d'Ivernois faire une promenade, d'où nous serons de retour le lendemain. M. d'Ivernois continuera son voyage, et moi j'irai avec Mlle. le Vasseur voir la maison de Cressier. Nous pourrons y séjourner un jour ou deux, si nous trouvons des lits, pour avoir le temps d'aller voir l'île, puis nous reviendrons. Mlle. le Vasseur s'en retournera à Motiers, et moi, j'attendrai près de vous que nous puissions faire la caravane du creux du vent, après quoi chacun s'en retournera à ses affaires.

Comme la petite course que je dois faire avec M. d'Ivernois me rapproche du pont de Thielle, je pourrois de là me rendre directement à Cressier, et Mlle. le Vasseur s'y rendre aussi, de son côté, si elle trouvoit une voiture, ou que vous pussiez lui en prêter une.

Tous ces arrangemens un peu précipités sont inévitables, sans quoi restant ici quelques jours encore, je suis intercepté pour le reste de la belle saison. Il faut même, en supposant leur exécution possible, que le secret en demeure entre nous, sans quoi nous serons poursuivis, où que nous soyons, par les gens qui me viendront voir, et qui, ne me trouvant pas ici, me chercheront où que je sois. Au reste, mon état est si sensiblement empiré depuis mon retour ici, que je crains beaucoup d'y passer l'hiver; et que, malgré tous les embarras, si Cressier peut être prêt au commencement d'octobre, je suis déterminé à m'y transplanter.

Je vous écris à la hâte, mon très-cher hôte, accablé de petits tracas qui m'excèdent. Comme mon voyage dépend du temps qui paroît se brouiller, il n'est pas sûr que j'arrive demain à Neuchâtel. A tout évènement, vous pourriez envoyer demain au soir à la Couronne; et, si j'y suis arrivé, m'y faire passer vos observations sur les arrangemens proposés; car, comme j'arriverai le soir pour repartir le matin, je ne veux pas même qu'on me voie dans les rues. Je vous embrasse de tout mon cœur.

A l'île de la Motte, le 4 juillet 1765.

Je suis, mon cher hôte et mon ami, dans l'île, et je compte y rester quelques jours, jusqu'à ce que j'y reçoive de vos nouvelles. J'imagine qu'il ne vous sera pas difficile de m'en donner par le canal de M. le major Chambrier. Au premier signe, je vous rejoins : c'est à vous de voir en quel temps vous aurez plus de loisir à me donner. Ne soyez point inquiet de me savoir ici seul. J'y attendrai de vos nouvelles avec empressement, mais sans impatience. J'emploierai ce loisir à repasser un peu les évènemens de ma vie et à préparer mes confessions. Je souhaite de consommer un ouvrage où je pourrai parler de mon cher hôte d'une manière qui contente mon cœur. Bonjour.

A Brot, le 15 juillet à midi.

Vos gens, mon cher hôte, ont été bien mouillés, et le seront encore, de quoi je suis bien fâché; ainsi trouvant ici un char-à-banc, je ne les mènerai pas plus loin.

Je pars, le cœur plein de vous, et aussi empressé de vous revoir que si nous ne nous étions vus depuis long-temps. Puissé-je apprendre, à notre première entrevue, que tous vos tracas sont finis, et que vous avez l'esprit aussi tranquille que votre honnête cœur doit être content de lui-même, et serein dans tous les temps! La cérémonie de ce matin met dans le mien la satisfaction la plus douce. Voilà, mon cher hôte, les traits qui me peignent au vrai l'ame de milord Maréchal, et me montrent qu'il connoît la mienne. Je ne connois personne plus fait pour vous aimer et pour être aimé de vous. Comment ne verrai-je pas enfin réunis tous ceux qui m'aiment; ils sont dignes de s'aimer tous. Je vous embrasse.

Mlle. le Vasseur est pénétrée de vos bontés, et veut absolument que je vous le dise.

A Motiers, le 29 août 1765.

J'espère que vous serez arrivé à Neuchâtel heureusement. Donnez-moi de vos nouvelles, mais ne vous servez plus de la poste. J'ai résolu de ne plus écrire, ni de recevoir aucune lettre par cette voie, et je suis même forcé de prendre ce parti, puisque personne, de ma part, ne peut approcher du bureau sans y être insulté. Il faut, au lieu de cela, se servir de la messagerie, qui part d'ici tous les mardis au soir, et de Neuchâtel tous les jeudis au soir. Si vos gens sont embarrassés de trouver cette femme, ils pourront déposer leurs lettres à la *Couronne*, et Mlles. Petitpierre voudront bien se charger de l'en charger. Je vous embrasse de tout mon cœur.

———

Ce dimanche à midi, 15 septembre.

M. le major Chambrier vient, mon cher hôte, de m'envoyer, par un bateau exprès, les deux lettres que M. Jeannin avoit eu la bonté de me faire passer, et qui auroient été assez tôt dans un mois d'ici. Si vous n'avez pas la bonté de faire entendre à M. le major qu'à moins de cas très-pressans, il ne faut pas envoyer des bateaux exprès, je ferai des frais effroyables en lettres inutiles, et d'autant plus onéreux, que je ne pourrai pas refuser mes lettres, comme je le faisois par la poste. J'espérois avoir, dans cette île, l'avantage que les lettres me parviendroient difficilement, et au contraire, j'en suis accablé de toutes parts, avec cette différence qu'il faut payer les bateliers qui les portent, dix fois plus que par la poste. Faites-moi l'amitié, je vous supplie, ou de refuser net toutes celles qui vous viendront, ou de les garder toutes jusqu'à quelqu'occasion moins coûteuse. Si je ne prends pas quelque résolution désespérée, je serai entièrement écrasé ici par les lettres et par les visites.

Je ne sais ce que vous ferez de *la Vision*; elle ne sauroit paroître avec les trois fautes effroyables que j'y trouve. L'une, page 3, ligne 3, en remontant, *dessous*, lisez : *des sons*; la seconde, page 9, ligne 4, en remontant, *amuseront*, lisez : *ameuteront*; et la troisième, page 15, ligne 11, *cris*; lisez : *coup*.

J'aurois mille choses à vous dire; le bateau est arrivé au moment qu'on alloit se mettre à table, et je fais attendre tout le monde pour le dîner, ce qui me désole.

Lorsque Mlle. le Vasseur sera venue avec tout mon bagage, il faut qu'elle attende à Neuchâtel de mes nouvelles, et je ne puis m'arranger définitivement qu'après la réponse de Berne, que j'aurai mardi au soir, tout au plutôt. Mille choses à tous ceux qui m'aiment, mais point de lettres sur toutes choses, si ce n'est pour matières intéressantes. Je vous embrasse.

A l'île de St.-Pierre, le 18 septembre 1765.

Enfin, mon cher hôte, me voici sûr à-peu-près de rester ici, mais avec de si grandes incommodités, qu'il faut en vérité toute ma répugnance à m'éloigner de vous, pour me les faire endurer. Il s'agit maintenant d'avoir ici Mlle. le Vasseur avec mon bagage. Le receveur compte envoyer lundi, ou le premier beau jour de la semaine prochaine, un bateau chargé de fruits à Neuchâtel; et, pour l'amour de moi, il s'est offert d'y aller lui-même; en conséquence, j'écris à Mlle. le Vasseur de se tenir prête pour profiter d'une si bonne occasion, du moins pour le bagage; car, quant à elle, j'aimerois autant qu'elle cherchât quelqu'autre voiture, pour peu qu'il ne fît pas très-beau, ou qu'elle eût quelque répugnance à venir sur un bateau chargé. Ayez la même bonté qui vous est ordinaire, de donner à tout cela le coup-d'œil de l'amitié.

Je suis si occupé de mon petit établissement, que je ne puis songer à autre chose, ni écrire à personne. Je dois cependant des multitudes de lettres, sur-tout à MM. Meuron, Chaillet, Sturler, Martinet. Comment donc faire? écrire du matin au soir; c'est ce que je ne puis faire nulle part, sur-tout dans cette île : ils pardonneront. Je vous enverrai, la semaine prochaine, la lettre pour MM. de Couvet.

Ne comptiez-vous pas paroître cette semaine? Donnez-moi des nouvelles de cela. M. de Vautravers m'a amené hier des ministres dont je me serois bien passé.

Je m'arrange sur ce que vous m'avez marqué de la messagerie. Je puis envoyer à la Neuville tous les samedis et même tous les mercredis, s'il étoit nécessaire. On ira retirer mes lettres à la poste, et l'on y portera les miennes; cela sera plus simple et évitera les cascades. Si vos tracas vous permettent de me donner un peu au long de vos nouvelles, tant mieux ; sinon, un bonjour, je me porte bien, me suffit. Mille choses au commandant de la place sous les ordres duquel j'ai fait service une nuit. Je vous embrasse.

Le 29 septembre.

En vous envoyant, mon cher hôte, un petit bonjour avec les lettres ci-jointes, je n'ai que le temps de vous marquer que Mlle. le Vasseur, vos envois et mon bagage, me sont heureusement arrivés. Jusqu'ici, aux arrivans près, qui ne cessent pas, tout va bien de ce côté. Puisse-t-il en être de même du vôtre! Je vous embrasse de tout mon cœur.

Ce dimanche 6 octobre, à midi.

J'envoie, mon cher hôte, à Mme. la commandante, dix mesures de pommes reinettes que je la supplie d'agréer, non comme un présent que je prends la liberté de lui faire, mais en échange du café que vous m'avez destiné.

Depuis ma lettre écrite et partie ce matin, j'ai reçu votre paquet du 3. Je vois avec douleur le procès qu'on vous prépare. Vous avez à faire au plus déterminé des scélérats, et vous êtes un homme de bien ; jugez des avantages qu'il aura sur vous. Mensonges, cabales, fourberies, noirceurs, faux sermens, faux témoins, subornation de juges ; quelles armes terribles dont vous êtes privé, et qu'il emploiera contre vous ! J'avoue que si sa famille le soutient, il faut qu'elle soit composée de membres qui se donnent tout ouvertement pour gens de sac et de corde ; mais il faut s'attendre à tout de la part des hommes, et je suis fâché de vous dire que vous vivez dans un pays plein de gens d'esprit, mais qui n'imaginent pas même qu'il existe quelque chose qui se puisse appeler justice et vertu. J'ai l'ame navrée, et tout ceci met le comble à mes malheurs.

Vous pouvez, si vous voulez, m'envoyer la petite caisse par le retour du bateau qui vous portera les pommes et qui la conduira à Cerlier où je la ferai prendre. Mon généreux ami, je vous embrasse le cœur ému et les yeux en larmes.

Le 7 octobre.

Voici, mon cher hôte, un troisième paquet depuis l'arrivée de Mlle. le Vasseur. Comme je vous sais fort occupé, qu'il a fait fort mauvais, et que votre ouvrage n'a peut-être point encore paru, je ne suis point en peine de votre silence, et j'espère que vous vous portez bien. Pour moi, je n'en puis pas dire autant, et c'est dommage. Il ne me manque que de la santé pour être parfaitement content dans cette île, dont je ne compte plus sortir de l'année. Je vous embrasse de tout mon cœur.

Mille remercîmens et très-humbles respects de Mlle. le Vasseur.

Ce vendredi 11 octobre.

Je suppose, mon cher hôte, que vous aurez reçu un mot de lettre où je vous accusois la réception du dernier paquet contenant, entre autres, un exemplaire de votre réponse au sicaire de Motiers. Deux heures après, je reçus votre billet du samedi ; je n'ai montré la réponse à personne, et ne la montrerai point. Je suis curieux d'apprendre ce que sa famille aura obtenu de vous. A l'éloge que vous faisiez de ces gens-là, je croyois qu'ils alloient étouffer ce monstre entre deux matelats. Tant qu'il ne s'est montré que demi-coquin, ils ont paru le désapprouver ; mais, depuis qu'il s'est fait ouvertement chef de brigands, les voilà tous ses satellites. Que Dieu vous délivre d'eux et moi aussi ! Tirez-vous de leurs mains comme vous pourrez, et tenons-nous désormais bien loin de pareilles gens.

Mardi soir, 15 octobre.

Voici, mon cher hôte, deux lettres auxquelles je vous prie de vouloir bien donner cours. J'ai reçu, avec la vôtre du 9, la petite caisse et le café, sur lequel vous m'avez bien triché, puisque la quantité en est bien plus forte que celle en échange de laquelle j'envoyois les pommes.

J'apprends avec bien de la peine et tous vos tracas et les maladies successives de tous vos gens, sur-tout de M. Jeannin, qui vous est toujours fort utile, et qui mérite qu'on s'intéresse pour lui. Je vous avoue, au reste, que je ne suis pas fâché que la négociation en question se soit rompue, sur-tout par la faute de ce Sacripant ; car j'étois presque sûr d'avance de ce qu'il auroit écrit et dit à tout le monde au sujet du juste désaveu que vous exigiez, et qu'il n'auroit pas manqué de donner pour un acte de sa complaisance envers sa famille, que vous aviez intéressée pour vous tirer d'embarras. Je serois assez curieux de savoir ce qui s'est fait dans le conseil de samedi, fort inutilement au reste, puisque ces Messieurs n'ont aucune force pour faire valoir leur autorité, et que tout aboutit à des arrêts presque clandestins, qu'on ignore ou dont on se moque.

J'ai vu ici M. l'intendant de l'hôpital à qui M. Sturler avoit eu la bonté d'écrire, et qui lui a manifesté de meilleures intentions que celles que je lui crois en effet. J'ai poussé jusqu'à la bassesse des avances pour captiver sa bienveillance qui me paroissent avoir fort mal réussi. Ce qui me console, est que mon séjour ici ne dépend pas de lui, et qu'il n'osera peut-être pas témoigner la mauvaise volonté qu'il peut avoir, voyant qu'en général on ne voit pas à Berne de mauvais œil mon séjour ici, et que M. le bailli de Nidau paroît aussi m'y voir avec plaisir. Je ne sais s'il convient de faire cette confidence à M. Chaillet, dont le zèle est quelquefois trop impétueux. Mais, si vous aviez occasion d'en toucher quelque chose à M. Sturler, j'avoue que je n'en serois pas fâché, quand ce ne seroit que pour savoir au juste les vrais sentimens de leurs Excellences à ce sujet ; car enfin il seroit désagréable d'avoir fait beaucoup de dépense pour m'accommoder ici, et d'être obligé d'en partir au printemps.

Je voudrois de tout mon cœur complaire à M. d'Escherny ; mais convenez qu'il n'auroit guères pu prendre plus mal son temps pour mettre en avant cette affaire. D'ailleurs, ce n'est point ici le moment d'en parler, pour des raisons qui ne regardent ni milord, ni M. d'Escherny, ni moi, et dont je vous ferai confidence quand nous nous verrons, sous le sceau du secret. Ainsi, je suis prêt à renvoyer à M. d'Escherny ses papiers, s'il est pressé ; s'il ne l'est pas, le temps peut venir d'en faire usage, et alors il doit être sûr de ma bonne volonté ; mais je ne puis rien promettre au delà.

En parcourant votre ouvrage, j'avois trouvé quelques corrections à faire ; mais le relisant à la hâte, je n'en ai su retrouver que trois marquées dans le papier ci-joint.

Voici quelques notes de commissions qui ne pressent point, et dont vous ferez celles que vous pourrez, lorsque vous viendrez ici, puisque vous me flattez de venir bientôt.

1°. Les deux rasoirs que vous m'avez donnés sont déjà gâtés, soit par la maladresse de mes essais, soit à cause de l'extrême rudesse de ma barbe ; il m'en faudroit au moins encore quatre, afin que je n'eusse pas sans cesse recours à des expédiens très-incommodes dans ma position, pour les faire repasser. Mais peut-être les faudroit-il un peu moins fins pour une si forte barbe ?

2°. J'aurois besoin d'un cahier de papier doré pour mes herbiers ; je préférerois du papier doré en plein, à celui qui a des ramages.

J'ai peine à me désaccoutumer tout d'un coup de lire la gazette, et à ne plus rien savoir des affaires de l'Europe. Comme vous prenez et gardez, je crois, quelque gazette, si M. Jeannin vouloit bien me les envoyer suite après suite dans les occasions, je serois très-attentif à n'en point égarer, et à les lui renvoyer de même. Je ne me soucie point des gazettes récentes, ni d'avoir souvent des paquets ; il me suffira seulement qu'il n'y ait point d'interruption dans la suite ; du reste le temps n'y fait rien. J'ai cessé de les lire depuis le 1er. septembre.

Dans l'accord pour ma pension, il entre, entr'autres choses, une étrenne annuelle pour madame la receveuse. Ne pourriez-vous pas m'aider à trouver quelque cadeau honnête à lui faire, et qui cependant ne passât pas trente à trente-six francs de France ? Je sais qu'elle a envie d'avoir une tabatière de femme. Nous avons jusqu'à la fin de l'année, mais la rencontre peut venir plutôt. Voilà tout ce qui me vient à présent, mais je sens que j'oublie bien des choses. Mille pardons et embrassemens.

Vendredi matin, 25 octobre.

Je vous prie de tâcher d'obtenir de quelqu'un qui connoisse cette route un itinéraire exact, avec les noms des villes, bourgs, lieux et bonnes auberges. Vous pourrez me l'envoyer à Bâle ou à Francfort, par une adresse que je demanderai à M. Deluze. Je pars à l'instant. Je vous embrasse mille fois.

A Bâle, 30 octobre.

J'arrive malade, mais sans grand accident. M. Deluze a eu soin de me pourvoir d'une chambre, sans quoi je n'en aurois point trouvée, vu la foire. Je partirai pour Strasbourg le plutôt qu'il me sera possible, peut-être dès demain; mais je suis parfaitement sûr maintenant qu'il m'est totalement impossible de soutenir à présent le voyage de Berlin. J'ignore absolument ce que je ferai ; je renvoie à délibérer à Strasbourg. Je souhaite fort d'y recevoir de vos nouvelles. Je compte loger à l'*Esprit*, chez M. Weisse ; cependant, n'étant encore bien sûr de rien, ne m'écrivez à cette adresse que ce qui peut se perdre sans inconvénient. Mon cher hôte, aimez-moi toujours ; je vous aime et vous embrasse de tout mon cœur.

A Strasbourg, le 17 novembre.

Je reçois, mon cher hôte, votre lettre, n°. 6. Vous aurez vu par les miennes que je renonce absolument au voyage de Berlin, du moins pour cet hiver, à moins que milord Maréchal à qui j'ai écrit ne fût d'un avis contraire. Mais je le connois, il veut mon repos sur toute chose, ou plutôt il ne veut que cela. Selon toute apparence je passerai l'hiver ici ; l'on ne peut rien ajouter aux marques de bienveillance, d'estime et même de respect qu'on m'y donne, depuis M. le Maréchal et les chefs du pays, jusqu'aux derniers du peuple. Ce qui vous surprendra, est que les gens d'église semblent vouloir renchérir encore sur les autres ;

ils ont l'air de me dire dans leurs manières: *Distinguez-nous de vos ministres, vous voyez que nous ne pensons pas comme eux.*

Je ne sais pas encore de quels livres j'aurai besoin, cela dépendra beaucoup du choix de ma demeure; mais, en quelque lieu que ce soit, je suis absolument déterminé à reprendre la botanique. En conséquence, je vous prie de vouloir bien faire trier d'avance tous les livres qui en traitent, figures et autres, et les bien encaisser. Je voudrois aussi que mes herbiers et plantes sèches y fussent joints; car, ne connoissant pas à beaucoup près toutes les plantes qui y sont, j'en peux tirer encore beaucoup d'instructions sur les plantes de la Suisse que je ne trouverai pas ailleurs. Sitôt que je serai arrêté, je consacrerai le goût que j'ai pour les herbiers à vous en faire un aussi complet qu'il me sera possible, et dont je tâcherai que vous soyez content.

Mon cher hôte, je ne donne pas ma confiance à demi; visitez, arrangez tous mes papiers, lisez et feuilletez tout sans scrupule. Je vous plains de l'ennui que vous donnera tout ce fatras sans choix, et je vous remercie de l'ordre que vous y voudrez mettre. Tâchez de ne pas changer les numéros des paquets, afin qu'ils nous servent toujours d'indication pour les papiers dont je puis avoir besoin. Par exemple, je suis dans le cas de desirer beaucoup de faire usage ici de deux pièces qui sont dans le n°. 12; l'une est *Pygmalion*, et l'autre l'*Engagement téméraire*. Le directeur du spectacle a pour moi mille attentions. Il m'a donné pour mon usage une petite loge grillée; il m'a fait faire une clef d'une petite porte pour entrer *incognito*; il fait jouer les pièces qu'il juge pouvoir me plaire. Je voudrois tâcher de reconnoître ses honnêtetés, et je crois que quelque barbouillage de ma façon, bon ou mauvais, lui seroit utile, par la bienveillance que le public a pour moi, et qui s'est bien marqué au *Devin du Village*. Si j'osois espérer que vous vous laissassiez tenter à la proposition de M. Deluze, vous apporteriez ces pièces vous-même, et nous nous amuserions à les faire répéter. Mais, comme il n'y a nulle copie de *Pygmalion*, il en faudra faire faire une par précaution, sur-tout si, ne venant pas vous-même, vous preniez le parti d'envoyer le paquet par la poste à l'adresse de M. Zollicoffre, ou par occasion. Si vous venez, mandez-le moi à l'avance, et donnez-moi le temps de la réponse. Selon les réponses que j'attends, je pourrois, si la chose ne vous étoit pas trop importune, vous prier de permettre que Mlle. le Vasseur vînt avec vous. Je vous embrasse.

Je reçois en ce moment le n°. 7. Écrivez toujours par M. Zollicoffre.

Strasbourg, le 25 novembre.

J'ai, mon cher hôte, votre n°. 8, et tous les précédens; ne soyez point en peine du passeport. Ce n'est pas une chose si absolument nécessaire que vous le supposez, ni si difficile à renouveler au besoin; mais il me sera toujours précieux par la main dont il me vient, et par les soins dont il est la preuve.

Quelque plaisir que j'eusse à vous voir, le changement que j'ai été forcé de mettre dans ma manière de vivre, ralentit mon empressement à cet égard. Les fréquens dîners en ville, et la fréquentation des femmes et des gens du monde, à quoi je m'étois livré d'abord, en retour de leur bienveillance, m'imposoient une gêne qui a tellement pris sur ma santé, qu'il a fallu tout rompre et redevenir ours par nécessité. Vivant seul ou avec Fischer, qui est un très-bon garçon, je ne serois à portée de partager aucun amusement avec vous, et vous iriez sans moi dans le monde ; ou bien, ne vivant qu'avec moi, vous seriez dans cette ville sans la connoître. Je ne désespère pas des moyens de nous voir plus agréablement et plus à notre aise ; mais cela est encore dans les futurs contingens. D'ailleurs, n'étant pas encore décidé sur moi-même, je ne le suis pas sur le voyage de Mlle. le Vasseur. Cependant, si vous venez, vous êtes sûr de me trouver encore ici, et dans ce cas, je serois bien aise d'en être instruit d'avance, afin de vous faire préparer un logement dans cette maison, car je ne suppose pas que vous vouliez que nous soyons séparés.

L'heure presse, le monde vient, je vous quitte brusquement, mais mon cœur ne vous quitte pas.

Strasbourg, le 30 novembre.

Tout bien pesé, je me détermine à passer en Angleterre ; si j'étois en état, je partirois dès demain ; mais ma rétention me tourmente si cruellement, qu'il faut laisser calmer cette attaque ; employant ma ressource ordinaire, je compte être en état de partir dans huit ou dix jours, ainsi ne m'écrivez plus ici, votre lettre ne m'y trouveroit pas ; avertissez, je vous prie, Mlle. le Vasseur de la même chose ; je compte m'arrêter à Paris quinze jours ou trois semaines ; je vous enverrai mon adresse avant de partir. Au reste, vous pouvez toujours m'écrire par M. Deluze, que je compte joindre à Paris, pour faire avec lui le voyage. Je suis très-fâché de n'avoir pas encore écrit à Mme. Deluze ; elle me rend bien peu de justice, si elle est inquiète de mes sentimens ; ils sont tels qu'elle les mérite, et c'est tout dire. Je m'attache aussi très-véritablement à son mari ; il a l'air froid et le cœur chaud ; il ressemble en cela à mon cher hôte. Voilà les gens qu'il me faut.

J'approuve très-fort d'user sobrement de la poste, qui, en Suisse, est devenue un brigandage public ; elle est plus respectée en France ; mais les ports y sont exhorbitans, et j'ai depuis mon arrivée ici plus de cent francs de ports de lettres. Retenez et lisez les lettres qui vous viennent pour moi ; ne m'envoyez que celles qui l'exigent absolument ; il suffit d'un petit extrait des autres.

Je reçois en ce moment votre paquet n°. 10; vous devez avoir reçu une de mes lettres, où je vous priois d'ouvrir toutes celles qui vous venoient à mon adresse. Ainsi, vos scrupules sont fort mal placés. Je ne sais si je vous écrirai encore avant mon départ, mais ne m'écrivez plus ici. Je vous embrasse de la plus tendre amitié.

A Paris, le 17 décembre.

J'arrivai hier au soir, mon aimable hôte et ami ; je suis venu en poste, mais avec une bonne chaise et à petites journées. Cependant, j'ai failli mourir en route; j'ai été forcé de m'arrêter à Épernay, et j'y ai passé une telle nuit, que je n'espérois plus revoir le jour. Toutefois me voici à Paris dans un état assez passable. Je n'ai vu personne encore, pas même M. Deluze; mais je lui ai écrit en arrivant. J'ai le plus grand besoin de repos; je sortirai le moins que je pourrai. Je ne veux pas m'exposer de rechef aux dîners et aux fatigues de Strasbourg. Je ne sais si M. Deluze est toujours d'humeur de passer à Londres; pour moi, je suis déterminé à partir le plutôt qu'il me sera possible, et tandis qu'il me reste encore des forces pour arriver enfin en lieu de repos.

Je viens, en ce moment, d'avoir la visite de M. Deluze, qui m'a remis votre billet du 7, daté de Berne. J'ai écrit, en effet, la lettre à M. le bailli de Nidau ; mais je ne voulus point vous en parler, pour ne point vous affliger : ce sont, je crois, les seules réticences que l'amitié permette.

Voici une lettre pour cette pauvre fille qui est à l'île ; je vous prie de la lui faire passer le plus promptement qu'il se pourra ; elle sera utile à sa tranquillité. Dites, je vous supplie, à Mme. la commandante combien je suis touché de son souvenir et de l'intérêt qu'elle veut bien prendre à mon sort. J'aurois assurément passé des jours bien doux près de vous et d'elle, mais je n'étois pas appelé à tant de bien. Faute du bonheur que je ne dois plus attendre, cherchons du moins la tranquillité. Je vous embrasse de tout mon cœur.

A Paris, le 24 décembre 1765.

Je vous envoie, mon cher hôte, l'incluse ouverte, afin que vous voyiez de quoi il s'agit. Tout le monde me conseille de faire venir tout de suite Mlle. le Vasseur, et je compte sur votre amitié et sur vos soins, pour lui procurer les moyens de venir le plus promptement et le plus commodément qu'il sera possible. Je voudrois qu'elle vînt tout de suite, ou qu'elle attendît le mois d'avril, parce que je crains pour elle les approches de l'équinoxe où la mer est très-orageuse. Disposez de tout selon votre prudence, en faisant, pour l'amour de moi, grande attention à sa commodité et à sa sûreté.

Notre voyage est arrangé pour le commencement de janvier; M. Deluze aura pu vous en rendre compte. J'ai l'honneur d'être, en attendant, l'hôte de M. le prince de Conti. Il a voulu que je fusse logé et servi avec une magnificence qu'il sait bien n'être pas selon mon goût; mais je comprends que, dans la circonstance, il a voulu donner en cela un témoignage public de l'estime dont il m'honore. Il desiroit beaucoup me retenir tout à fait, et m'établir dans un de ses châteaux à douze lieues d'ici ; mais il y avoit à cela une condition nécessaire que je n'ai pu me résoudre d'accepter, quoiqu'il ait employé durant deux jours consécutifs, toute son éloquence, et il en a beaucoup pour me persuader. L'inquiétude où il étoit sur mes ressources m'a déterminé à lui exposer nos arrangemens ; j'ai fait, par la même raison, la même confidence à tous mes amis devenus les vôtres, et qui, j'ose le dire, ont conçu pour vous la vénération qui vous est due. Cependant, une inquiétude déplacée sur tous les hasards, leur a fait exiger de moi une promesse dont il faut que je m'acquitte, très-persuadé que c'est un soin bien superflu ; c'est de vous prier de prendre les mesures convenables pour que, si j'avois le malheur de vous perdre, je ne fusse pas exposé à mourir de faim. Au reste, c'est un arrangement entre vous et vos héritiers, sur lequel il me suffit de la parole que vous m'avez donnée.

On se fait une fête en Angleterre d'ouvrir une souscription pour l'impression de mes ouvrages. Si vous voulez en tirer parti, j'ose vous assurer que le produit en peut être immense, et plus grand de mon vivant qu'après ma mort. Si cette idée pouvoit vous déterminer à y faire un voyage, je desirerois autant de la voir exécutée, que je le craignois en toute autre occasion.

Je ne voudrois pas, mon cher hôte, séparer mes livres; il faut vendre tout ou m'envoyer tout. Je pense que les livres, l'herbier et les estampes, le tout bien emballé, peut m'être envoyé par la Hollande, sans que les frais soient immenses, et je ne doute pas que MM. Pourtalès, et sur-tout M. Paul, qui m'a fait des offres si obligeantes, ne veuille bien se charger de ce soin. Toutefois, si vous trouvez l'occasion de vous défaire du tout, sauf les livres de botanique dont j'ai absolument besoin, j'y consens. Je pense que vous ferez bien aussi de m'envoyer toutes les lettres et autres papiers relatifs à mes mémoires, parce que mon projet est de rassembler et transcrire d'abord toutes mes pièces justificatives; après quoi je vous renverrai les originaux à mesure que je les transcrirai. Vous devez en avoir déjà la première liasse; j'attends, pour faire la seconde, une trentaine de lettres de 1758, qui doivent être entre vos mains. *Pygmalion* ne m'est plus nécessaire, n'étant plus à Strasbourg; mais je ne serois pas fâché de pouvoir lire à mes amis le

Lévite d'Éphraïm, dont beaucoup de gens me parlent avec curiosité.

Je vous écris avec beaucoup de distraction, parce qu'il me vient du monde sans cesse, et que je n'ai pas un moment à moi. Extérieurement, je suis forcé d'être à tous les survenans ; intérieurement, mon cœur est à vous, soyez-en sûr. Je vous embrasse.

Si vous me répondez sur le champ, je pourrai recevoir encore votre lettre, soit sous le pli de M. Deluze, soit directement *à l'hôtel de Saint-Simon, au Temple.*

A Paris, le 1er. janvier 1766.

Je reçois, mon cher hôte, votre lettre du 24, n°. 13 ; je pars demain pour le public, et samedi réellement. Toujours embarrassé de mes préparatifs et de mes continuelles audiences, je ne puis vous écrire que quelques mots rapidement.

N'ayant pas le temps suffisant pour relire vos lettres avec attention, je ne les ferai pas imprimer, d'autant que c'est la chose la moins nécessaire. On ne peut rien ajouter au mépris et à l'horreur qu'on a ici pour vos ministres ; et cette affaire commence à être si vieille, que, selon l'esprit léger du pays, on ne pourroit se résoudre à y revenir sans ennui. J'apprends que la cour vous donne un gouverneur ; j'imagine que cette nouvelle ne fait pas un grand plaisir au sicaire et à ses satellites.

Je ne sais quel parti aura pris Mlle. le Vasseur. On l'attend ici ; mais le froid est si terrible, que je souffre à imaginer cette pauvre fille en route seule, et par le temps qu'il fait. Dirigez tout pour le mieux, soit pour accélérer son départ, soit pour le retarder jusqu'après l'équinoxe. Il faut nécessairement l'un ou l'autre ; le pis seroit de temporiser.

Tâchez, je vous en prie, de m'envoyer par Mlle. le Vasseur toutes les lettres, mémoires, brouillons etc., depuis 1758 jusqu'à 1762, mois de juin inclusivement, c'est-à-dire, jusqu'à mon départ de Paris, attendu que la première chose que je vais faire, sera de mettre au net toute cette suite de pièces, de peur d'en perdre la trace. Mon voyage ici ne m'a pas été tout à fait inutile pour mon objet. J'y ai acquis, sur la source de mes malheurs, des lumières nouvelles, dont il sera bon que le public à venir soit instruit. Je vous recommande mes plantes sèches. Ce recueil fait en Suisse me sera bien précieux en Angleterre, où j'espère m'en occuper. Si vous pouvez remettre à Mlle. le Vasseur une copie du *Lévite*, ou un brouillon qui doit être parmi mes papiers, je vous en serai fort obligé. Vous savez qu'il y a parmi mes estampes une épreuve d'une petite fille qui baise un oiseau, et que cette épreuve vous étoit destinée. Je vous en parle, parce que cette estampe est charmante, et qu'elle ne se vend point. Il doit y en avoir deux en noir et une en rouge; choisissez. M. Watelet a ranimé ici mon goût pour les estampes, par celles dont il m'a fait cadeau. Je veux vous faire faire connoissance avec lui. Lorsque vous ferez imprimer mes écrits, il se chargera volontiers de la direction des planches, et c'est un grand point que cet article soit bien exécuté.

J'ai cherché le moment pour écrire à M. de Vautravers à qui je dois des remercîmens, je n'ai pu le trouver dans ce tourbillon de Paris où je suis entraîné; je suis ici dans mon hôtel de St.-Simon, comme Sancho dans son île de Barrataria, en représentation toute la journée. J'ai du monde de tous états, depuis l'instant où je me lève, jusqu'à celui où je me couche, et je suis forcé de m'habiller en public. Je n'ai jamais tant souffert; mais heureusement cela va finir.

On écrit de Genève, que vous êtes en relation avec M. de Voltaire; je suis persuadé qu'il n'en est rien, non que cela me fît aucune peine, mais parce que vous ne m'en avez rien dit. Je suis obligé de partir, sans pouvoir vous donner aucune adresse pour Londres; mais, par le moyen de M. Deluze, j'espère que notre communication sera bientôt ouverte. J'ai le cœur attendri des bontés de Mme. la commandante, et de l'intérêt qu'elle prend à mon sort. Je connois son excellent cœur, elle est votre mère; je suis malheureux, comment ne s'intéresseroit-elle pas à moi? Quand je pense à vous, j'ai cent mille choses à vous dire; quand je vous écris, rien ne me vient, j'achève de perdre entièrement la mémoire. Grâce au ciel, ce n'est pas d'elle que dépendent les souvenirs qui m'attachent à vous. Je vous embrasse tendrement.

A Londres, le 27 janvier 1766.

Je reçois, mon cher hôte, votre n°. 16. Je

vous écrivis, il y a quelques jours; mais, comme il y eut quelque *quiproquo* sur l'affranchissement de ma lettre, et qu'elle pourroit être perdue, je vous en répéterai les articles les plus importans, avec les changemens que de nouvelles instructions m'engagent d'y faire.

Rey me marque qu'il desireroit bien d'avoir un exemplaire de vos lettres, et des pièces pour et contre; faites en sorte de les lui envoyer. On ne connoissoit ici que votre première lettre; Becket et de Hondt la faisoient traduire et imprimer; je leur ai fourni le reste. Mais M. Hume seroit d'avis qu'on fît encore une lettre sur ma retraite à l'île de Saint-Pierre, puis à Bienne, et enfin en France et ici. Vous devriez, mon cher hôte, faire cette lettre adressée à M. Hume qui en sera charmé, et auquel vous aurez des choses si honnêtes à dire sur les tendres soins qu'il a pris de moi, et sur l'accueil distingué qu'il m'a procuré en Angleterre. L'éloge de la nation vient là comme de cire; en vérité, elle le mérite bien, et c'est une bonne leçon pour les autres. Il me semble que vous pouvez traiter l'affaire de Berne sans vous compromettre, et même en louant la majeure et plus saine partie du Gouvernement, qui a désapprouvé assez hautement ce coup fourré ; mais, pour ces manans de Bienne, ils méritent, en vérité, d'être traînés par les boues. Vous pourrez joindre, pour nouvelles pièces justificatives, les nouveaux rescrits de la cour, les arrêts du conseil d'État, et même les certificats donnés au sicaire, commentés en peu de mots, ou sans commentaire, et vous pourrez parler d'une prétendue lettre du roi de Prusse à moi adressée, et sûrement de fabrication genevoise, qui a couru Paris, et qui est en opposition parfaite avec les sentimens, les discours, les rescrits et la conduite du roi dans toute cette affaire. Si vous voulez entreprendre ce petit travail, il faut vous presser, car nous avons fait suspendre l'impression du reste pour attendre ce complément que vous pourriez envoyer aussi à Rey, au moyen de quoi Félice et les autres fripons seroient assez penauts, voyant vos lettres qu'ils prennent tant de peine à supprimer, publiques en Hollande et traduites à Londres. Le sujet est assez beau, ce me semble, et le correspondant que je vous donne ne fournit pas moins. Je vous recommande aussi les deux baillis qui m'ont protégé, chacun dans son gouvernement; M. de Moiry et M. de Graffenried. M. Hume croit que ma lettre à ce dernier doit entrer dans les pièces justificatives. Vous pourrez faire adresser votre paquet bien au net à M. Hume, dans *Yorck-Buildings, Buckingham, street, London*. S'il arrivoit que vous ne voulussiez pas vous charger de cette nouvelle besogne, il faudroit l'en avertir. Au reste, priez-le de revoir et de retoucher; il écrit et parle le français comme l'anglais, c'est tout dire.

Je suis absolument déterminé pour l'habitation du pays de Galles, et je compte m'y rendre au commencement du printemps. En attendant l'arrivée de Mlle. le Vasseur, je vais habiter un village auprès de Londres, appelé Chiswick, où je l'attendrai, et où nous prendrons quelques semaines de repos, car on n'en peut avoir ici par l'affluence du monde dont on est accablé. Cependant je ne rends aucune visite, et l'on ne s'en fâche pas. Les manières anglaises sont fort de mon goût; ils savent marquer de l'estime sans flagorneries; ce sont les antipodes du babillage de Neuchâtel. Mon séjour ici fait plus de sensation que je n'aurois pu croire. M. le prince héréditaire, beau-frère du roi, m'est venu voir, mais *incognito*; ainsi n'en parlez pas. Louez, en général, le bon accueil, mais sans aucun détail. Je vous écris sans règle et sans ordre, sûr que vous ne montrez mes lettres à personne.

Je vous avoue que je n'aime pas trop votre correspondance avec M. Misoprist, et sur-tout l'impression dont vous vous chargez. Je ne reconnois pas là votre sagesse ordinaire. Ignorez-vous que jamais homme n'eut avec V. des affaires de cette espèce, qu'il ne s'en soit repenti? Dieu veuille qu'ainsi ne soit pas de vous!

Je vous remercie de vos bons soins, au sujet de MM. Guinand et Hankey. Je ne serai pas à portée, vivant à soixante lieues de Londres, de leur demander de l'argent quand j'en aurai besoin. Il vaudra mieux que vous preniez la peine de m'envoyer périodiquement des billets ou lettres sur eux, que je pourrai négocier dans la province. Puisque Mlle. le Vasseur n'a pas pris les trente louis que je vous avois laissés, vous m'obligerez de m'envoyer sur ces messieurs un papier de cette somme, déduction faite des divers déboursés que vous avez faits pour moi. M. Hume me fera parvenir votre lettre. Je ne vois plus M. Deluze, et malheureusement nous avons perdu son adresse. Je vous embrasse tendrement. Mille respects à la bonne maman, et amitiés à tous vos amis.

Comme M. Hume ne résidera pas toujours a Londres, vous pourrez faire adresser ou remettre vos lettres à M. *Steward, Yorck Buildings, Buckingham street.*

Je rouvre ma lettre, pour vous dire qu'après y avoir mieux pensé, je ne suis point d'avis que vous écriviez cette nouvelle lettre, pour éviter toute nouvelle tracasserie, sur-tout avec vos voisins. Restons en paix, mon cher hôte, cultivez la philosophie, amusez-vous à la botanique; laissez les prêtres pour ce qu'ils sont, et sur-tout ne vous mêlez point de faire imprimer les écrits de Voltaire, car infailliblement vous en auriez du chagrin; mais ramassez toujours les pièces qui regardent mon affaire, pour l'objet que vous savez.

A Chiswick, le 15 février.

J'ai reçu presqu'à la fois deux bien grands plaisirs, Mlle. le Vasseur et votre n°. 17 ; j'apprends par l'une et par l'autre, combien vous êtes occupé de vos affaires, et encore plus des miennes. La nouvelle arrivée n'a rien eu de plus pressé que d'entrer avec moi dans les détails de vos bontés pour elle, qui m'ont touché, sans doute, mais qui ne m'ont pas surpris. Je n'ajoute rien là dessus; vous savez pourquoi. Je n'attends plus, pour me mettre en route avec elle pour le pays de Galles, qu'un peu de repos pour elle, et un temps plus doux pour tous les deux. La Tamise a été prise, la gelée a été terrible; nous avons eu l'un des plus rudes hivers dont j'aie connoissance; il semble que la charité chrétienne de messieurs de Berne l'ait choisi tout exprès pour me faire voyager.

Mlle. le Vasseur ne m'a point apporté la petite caisse, qui n'a dû arriver à Paris que le jour qu'elle en est partie. J'espère que Mme. de Faugnes aura la bonté d'en prendre soin; je l'ai recommandée aussi à M. Deluze, qui partit samedi dernier en bonne santé, mais fort peu content de Londres. Au moyen de toutes vos précautions, j'ai lieu d'espérer que ces papiers me parviendront sains et saufs. Cependant, je ne puis me défendre d'en être un peu inquiet, vu l'importance dont ils sont pour les recueils dont je vais m'occuper.

Dans mes deux précédentes lettres, j'entrois dans de longs détails sur l'envoi de mes livres et papiers. J'ai quelque lieu de craindre que la première n'ait été perdue; mais la deuxième suffit pour vous guider dans l'envoi que vous voulez m'en faire, et qui réellement me fera grand plaisir dans ma retraite; ce qui m'en feroit bien plus encore, seroit l'espoir de vous y voir un jour. Si jamais M. de Cerjeat vous y attire, j'aurai bien des raisons de l'aimer. Je n'ai pas ouï parler de lui, et je ne cherche pas de nouvelles connoissances; mais, s'il cherche à me voir, je le recevrai comme votre ami, et j'oublierai qu'il croit aux miracles.

Je ne vois pas sans inquiétude votre commerce avec M. Misoprist; j'ai peur qu'il n'en résulte enfin quelque chagrin pour vous. Je ne vous conseille point de faire imprimer son manuscrit; quant à la *lettre véritable*, ce peut être une plaisanterie sans conséquence. Cependant, je trouve qu'il est au-dessous de vous de vous occuper de ce cuistre de Montmolin, et de sa vile séquelle. Oubliez que toute cette canaille existe; ces gens-là n'ont du sentiment qu'aux épaules, et l'on ne peut leur répondre qu'à coups de bâton. Je ne sais ce qu'a dit le moine Bergeon, et ne m'en soucie guères. Quand vous aurez prouvé que tous ces gens-là sont des fripons, vous n'aurez dit que ce que tout le monde sait. Cependant, n'oubliez pas de rassembler toutes les pièces qui me regardent, et de me les envoyer quand vous en aurez l'occasion. Je n'ai vu qu'une seule des lettres de Voltaire dont vous me parlez ; c'est, je crois, la dix-septième ou dix-huitième lettre. Je n'ai point vu non plus la prétendue lettre du roi de Prusse, à moi adressée, et pourquoi vous l'attribuez à M. Horace Walpole : c'est ce que je ne sais point du tout.

On travaille ici à traduire vos lettres, et j'ai donné pour cela mon exemplaire corrigé comme j'ai pu ; mais l'ouvrage va si lentement, et la traduction est si mauvaise, que j'aimerois, je crois, presqu'autant que tout cela ne parût point du tout. Rey auroit desiré les avoir pour les imprimer, et je vous avoue que je suis surpris que vous ne vous serviez pas de lui pour toutes ces petites pièces, dont vous pourriez vous faire envoyer des exemplaires par la poste, plutôt que des imprimeurs autour de vous, qui, environnés des pièges de nos ennemis, y sont infailliblement pris, soit comme fripons, soit comme dupes. Il me paroît certain que Félice a supprimé vos lettres avec autant de soin qu'il a répandu celles de ce misérable. On trouve par-tout les siennes ; on n'entend parler des vôtres nulle part, et assurément ce n'est pas la préférence du mérite qui fait ici celle du cours. Ou n'imprimez rien, ou n'imprimez qu'au loin, comme j'ai fait.

J'attends aujourd'hui M. Guinand, avec qui je prendrai des arrangemens pour notre correspondance. J'espère vous écrire encore avant mon départ; cependant je ne puis causer tranquillement avec vous que de ma retraite.

Je ne sais pas trop ce que signifie Misoprist; il me paroît qu'il signifie ennemi de je ne sais quoi, quoique je m'en doute et vous aussi.

A Chiswick, le 2 mars 1766.

Depuis votre n°. 17, mon cher hôte, je n'ai rien reçu de vous ; et, comme vous m'avez accoutumé à des lettres plus fréquentes, ce retard m'alarme un peu sur votre santé. Je vous ai écrit deux fois par M. Guinand ; si vous eussiez reçu mes lettres, vous ne les auriez pas laissées sans réponse. Comme la conduite de M. Guinand me le rend un peu suspect, je prends le parti de vous écrire par d'autres voies, jusqu'à nouvel avis de votre part. En général, je serai plus tranquille sur notre correspondance, quand personne de Neuchâtel, ni qui tienne aux Neuchâtelois, n'y aura part.

Mlle. le Vasseur m'a remis le paquet que vous lui avez confié; j'y ai trouvé les papiers cottés dans la lettre, et entr'autres, celui que vous me priez de ne pas décacheter; vous serez obéi fidèlement, mon cher hôte; et, comme le cas que vous exceptez n'est pas dans l'ordre naturel, j'espère que ni elle, ni moi, ne serons pas assez malheureux pour que le paquet soit jamais décacheté.

Je n'entends plus parler ni de de Hondt, ni de vos lettres, dont je lui ai donné le seul exemplaire qui me restoit, pour le faire traduire et imprimer. Il seroit singulier que vos taupes, qui travaillent toujours sous terre, eussent poussé jusques-là leurs chemins obscurs. Rey est le seul libraire à qui je me fie; il y a du malheur que jamais vous ne vous soyez adressé à lui : il est sûr et ardent; l'ouvrage auroit couru par-tout, malgré le sicaire et les brigands de sa bande; c'est maintenant une vieille affaire qu'il est inutile de renouveler. Mais ne manquez, pas, je vous prie, de m'envoyer avec mes livres, un autre exemplaire de vos lettres, et deux ou trois de *la Vision*.

Certaines instructions m'ont un peu dégoûté, non du pays de Galles, mais de la maison que j'y devois habiter. Je ne sais pas encore où je me fixerai ; chacun me tiraille de son côté ; et, quand je prends une résolution, tous conspirent à m'en faire changer. Je compte pourtant être absolument déterminé dans moins de quinze jours, et j'aurai soin de vous informer de la résolution que j'aurai prise. En attendant, vous pouvez m'écrire sous le couvert de *MM. Lucadou et Drake; march^{ts}. in Union-Court, Broad-street, London*. Donnez-moi de vos nouvelles. Je vous embrasse.

Recevez mille remercîmens et salutations de Mlle. le Vasseur, qui vous prie aussi de joindre ses respects aux miens près de Mme. la commandante.

A Chiswick, le 14 mars 1766.

Enfin, mon cher hôte, après un silence de six semaines, votre n°. 18 vient me tirer de peine. Je vois que mes lettres ne vous parviennent pas fidèlement. Tâchons donc d'établir une règle plus lente, puisqu'il le faut, mais plus sûre. Je vous écrirai sous l'adresse de Paris que vous me marquez, et vous pourrez, par la même voie, m'écrire sous celle-ci :

MM. to Lucadou et Drake, Union-Court, London.

En quelque lieu de l'Angleterre que je sois, ces messieurs auront soin de m'y faire passer vos lettres ; mais ne vous chargez d'aucunes lettres, et ne donnez mon adresse à personne.

J'ai reçu les 30 livres sterlings dont vous m'avez envoyé l'assignation, et vous voyez que cette voie est la plus prompte pour cet effet. Je ne voulois pas m'éloigner de Londres que je ne fusse bien pourvu d'argent, à cause du temps qu'il me faudra pour m'ouvrir des correspondances sûres et commodes pour en recevoir. En attendant, j'ai été faire une promenade dans la province de Surey, où j'ai été extrêmement tenté de me fixer ; mais le trop grand voisinage de Londres, ma passion croissante pour la retraite, et je ne sais quelle fatalité qui me détermine indépendamment de la raison, m'entraînent dans les montagnes de Derbyshire, et je compte partir mercredi prochain, pour aller finir mes jours dans ce pays-là. Je brûle d'y être, pour respirer après tant de fatigues et de courses, et pour m'entretenir avec vous plus à mon aise que je n'ai pu faire jusqu'à présent. Je vous décrirai mon habitation, mon cher hôte, dans l'espoir de vous y voir quelque jour user de votre droit, puis user davantage du mien dans la vôtre. Si cette douce idée ne me consoloit dans ma tristesse, je craindrois que l'air épais de cette île ne prît à la fin trop sur mon humeur.

M. Hume m'a donné l'adresse ci-jointe pour son ami, M. Walpole, qui part de Paris dans un mois d'ici; mais, par des raisons trop longues à déduire par lettres, je voudrois qu'on n'employât cette voie que faute de toute autre. On m'a parlé de la prétendue lettre du roi de Prusse, mais on ne m'avoit point dit qu'elle eût été répandue par M. Walpole; et, quand j'en ai parlé à M. Hume, il ne m'a dit ni oui ni non.

Je n'entends point parler des traductions de vos lettres; M. Hume m'a pourtant dit qu'elles alloient leur train; mais on ne m'a rien montré. Ces relations ne peuvent faire aucune sensation dans ce pays, où l'on ne sait pas même que j'ai eu des affaires à Neuchâtel, dont les prêtres ne sont connus que par le sort du pauvre Petit-pierre. Ces misérables sont par-tout si méprisés, que s'occuper d'eux, c'est grêler sur le persil. Croyez-moi, oubliez-les totalement ; à quelque prix que ce soit, ils sont trop honorés de notre souvenir. On sait ici que j'ai été persécuté à Genève, et l'on en est indigné. Le clergé anglais me regarde à peu près comme un confesseur de la foi. Du reste, il se tient ici, comme dans toute grande ville, beaucoup de propos ineptes, bons et mauvais. Le public, en général, ne vaut pas la peine qu'on s'occupe de lui.

Comment va votre bâtiment? Est-il confirmé que vous aurez de l'eau ? Quoiqu'absent, je m'intéresserai toujours à votre demeure, et mon cœur y habitera toujours.

A Wooton en Derbyshire, le 29 mars.

Après tant de fatigues et de courses, j'arrive enfin dans un asile agréable et solitaire, où j'espère pouvoir respirer en paix. Je vous dois la description de mon séjour et le détail de mes voyages; jusqu'ici je n'ai pu vous écrire qu'à la hâte, et toujours interrompu. Sitôt que j'aurai repris haleine, mes premiers soins seront de m'occuper de vous et avec vous. Quant à présent, un voyage de cinquante lieues avec tout mon équipage, les soins d'un nouvel établissement, les communications qu'il faut m'assurer, et sur-tout le besoin d'un peu de repos, me font continuer de ne vous écrire, mon cher hôte, que pour les choses pressantes et nécessaires, et tel étoit, par votre amitié pour moi, l'avis de mon arrivée au refuge que j'ai choisi.

Par le prix excessif des ports, et par l'indiscrétion des écrivains, je suis forcé de renoncer absolument à rien recevoir par la poste. Cela, et l'éloignement des grandes routes, retardera beaucoup nos lettres; mais elles n'en arriveront pas moins sûrement, si l'on suit bien mes directions. Dans un mois ou cinq semaines d'ici, le maître de cette maison vient de Londres y faire un voyage. Il m'apportera tout ce qu'on lui remettra jusqu'à ce temps-là. C'est un homme de distinction et de probité, auquel on peut prendre toute confiance.

Je vous destine un petit cadeau qui, j'espère, vous fera plaisir; c'est mon portrait en relief, très-bien fait et très-ressemblant. J'écris aujourd'hui à vos banquiers, pour qu'ils aient la bonté de s'en charger, et de vous le faire parvenir. Si j'étois à portée de prendre ce soin moi-même, je ne les en chargerois pas; mais l'impossibilité de mieux faire est mon excuse auprès de vous. Un bon peintre d'ici m'a aussi peint à l'huile, pour M. Hume; le roi a voulu voir son ouvrage, et il a si bien réussi, qu'on croit qu'il sera gravé. Si l'estampe est bonne, j'aurai soin qu'elle vous parvienne aussi. Ne croyez pas que ce soient des cadeaux. Si jamais il passe à Neuchâtel un bon peintre, je meurs d'envie de vous vendre bien cher mon portrait.

Le besoin de vous voir augmente de jour en jour; je ne me flatte pas de le satisfaire cette année; mais marquez-moi si, pour l'année prochaine, je ne puis rien espérer. Si vous ne voulez pas venir jusqu'ici, j'irai au-devant de vous à Londres, et il ne faut pas moins que cet objet pour m'y faire retourner; mais je pense que vous ne serez pas fâché de voir un peu l'Angleterre et la retraite que je me suis choisie; je crois que vous en serez content. Je sens tous les jours mieux que je n'ai que deux amis sûrs: mon cœur a besoin de se consoler avec l'un de l'absence de l'autre. En attendant, ne donnez, à mon sujet, votre confiance à personne au monde, qu'au seul milord Maréchal. Quoi qu'on vous dise, quoi qu'on vous écrive pour mes intérêts, tenez-vous en garde, et, sans montrer de défiance, ne vous livrez point. Cet avis peut devenir important à votre ami. J'ai dit à tout le monde mes arrangemens ; ce secret m'eût trop pesé sur le cœur ; mais que personne que vous seul ne s'en mêle, ni ne sache même où et quand vous avez l'intention d'exécuter l'entreprise qui regarde mes écrits.

J'attends avec ardeur mes livres de botanique ; pour les autres, quand vous en différeriez l'envoi jusqu'à l'autre année, il n'y auroit peut-être pas un grand mal. Je n'entends plus parler de l'impression de vos lettres ; cela, et d'autres choses, me rend de Hondt un peu suspect. Je crois cependant qu'on peut se servir de lui pour l'envoi de mes livres. Le comte de Bintinck s'attend qu'ils lui seront adressés, et ensuite à son fils qui est ici ; mais je n'aime pas avoir obligation à ces grands seigneurs. Je me remets de tout à votre prudence.

Milord Maréchal me marque qu'il écrit à ses gens d'affaires de vous remettre les 300 guinées, s'ils ne l'ont pas encore fait. A cause du grand éloignement, je prends le parti de numéroter mes lettres, à votre exemple, à commencer par celle-ci. La dernière de vous que j'ai reçue, étoit le n°. 19. Mes tendres respects à la bonne maman. Je vous embrasse de tout mon cœur.

Ne m'envoyez, avec mes livres, aucun de mes papiers, qu'à mesure que je vous les demanderai, et que je vous renverrai les autres. Je vous prie de ne pas oublier mon livre de musique vert, car j'ai ici une épinette. Du reste, tout est déjà rassemblé ici, moi, ma gouvernante, mon bagage, et jusqu'à sultan qui m'a donné des peines incroyables. Il a été perdu deux fois, et mis dans les papiers publics. Est-il confirmé que vous avez de l'eau ? Votre maison s'avance-t-elle ? Le temps d'herboriser approche, en profiterez-vous? Je vous le conseille extrêmement. Si les attaques de goutte ne vous font pas grâce, du moins elles viendront plus tard, et ce seroit toujours un grand avantage de gagner une année en dix. Mais il faut oublier que vous êtes encore jeune, jusqu'à ce que vous preniez le parti de vous marier.

A Wooton, le 10 mai 1766.

Hier, mon cher hôte, j'ai reçu, par M. Davenport, vos n°s. 20, 21, 22 et 23, par lesquels je vois avec inquiétude que vous n'aviez point encore reçu mon n°. 1 que je vous ai écrit d'ici, et où je vous priois de ne m'envoyer que mes livres de botanique, avec mon calepin, et d'attendre pour le reste à l'année prochaine; prière que je vous confirme avec instance, s'il en est encore temps. Je suis sur-tout très-fâché que vous m'envoyiez aussi des papiers que je ne vous ai point demandés, et sur lesquels j'étois tranquille, les sachant entre vos mains, au lieu qu'ils vont courir des hasards que vous ne pouvez prévoir, ne sachant pas comme moi tout ce qui se passe à Londres. Retirez-les, je vous en conjure, s'il est encore temps, et pour Dieu, ne m'en envoyez plus désormais que je ne vous les demande. Ce n'étoit pas pour rien que j'avois numéroté les liasses que je vous laissois.

Ceux que vous avez envoyés à Mme. de Faugnes sont en route, et je compte les recevoir au premier jour. C'est un grand bonheur qu'ils n'aient pas été confiés à M. Walpole, que je regarde comme l'agent secret de trois ou quatre honnêtes gens de par le monde qui ont formé entre eux un complot auquel je ne comprends rien, mais dont je vois et sens l'exécution successive de jour en jour. La prétendue lettre du roi de Prusse est certainement de d'Alembert; en y jetant les yeux, j'ai reconnu son style, comme si je la lui avois vu écrire: elle a été publiée, traduite dans les papiers, de même qu'une autre pièce du même auteur sur le même sujet. On a aussi imprimé et traduit une lettre de M. de Voltaire à moi adressée, auprès de laquelle le libelle de Vernes n'est que du miel. Mais cessons de parler de ces matières attristantes, et qui ne m'affligeroient pourtant guères, si mon cœur n'eût été navré par de plus sensibles coups. Mon cher hôte, je sens bien le prix d'un ami fidèle, et que ma confiance en vous redouble de charmes, par la difficulté de la placer aussi bien nulle part.

Je suis très-en peine pour établir notre correspondance d'une manière stable et sûre; car la résolution où je suis de rompre tout autre commerce de lettres, ne me rend le vôtre que plus nécessaire. Ah! cher ami, que ne vous ai-je cru, et que n'ai-je resté à portée de passer mes jours auprès de vous! Je sens vivement la perte que j'ai faite, et je ne m'en consolerai jamais. Je suis en peine de plusieurs lettres que j'ai fait passer par MM. Lucadou et Drake, et dont je ne reçois aucune réponse. J'espère cependant qu'ils n'ont pas des commis négligens ; il faut prendre patience, et continuer. M. Lucadou est un honnête homme, et ami de mes amis ; je ne crains pas qu'il abuse de ma confiance, mais je crains de lui être importun.

Mon intention est bien de parler à milord Maréchal de M. d'Escherny, et de faire usage de sa petite note ; mais ce n'est pas en ce moment de commotion que cela peut se faire. S'il est pressé, il faut, malgré moi, que je laisse à d'autres le plaisir de le servir. J'ai pour milord Maréchal le même embarras que pour vous de m'ouvrir une correspondance sûre ; je me suis adressé à M. Rougemont, je n'en ai aucune réponse ; j'ignore s'il a fait passer ma lettre, et s'il veut bien continuer.

Quant à ce qui regarde ma subsistance, nous prendrons là-dessus les moyens que vous jugerez à propos ; et, puisque vous pensez que je puis fournir de six mois en six mois des assignations sur vos banquiers de Paris, je le ferai ; mais, de grâce, envoyez-moi le modèle de ces assignations; car je ne vois pas bien, je vous l'avoue, en quels termes elles doivent être conçues sur des banquiers que je ne connois pas, et qui ne me doivent rien.

Je finis à la hâte, en vous saluant de tout mon cœur. Mille respects à la chère et bonne maman.

———

A Wooton, le 31 mai 1766.

J'ai reçu, mon cher hôte, votre n°. 24 par M. d'Ivernois, et je reçois en ce moment votre n°. 25. Je vous remercie de l'inquiétude que vous y marquez sur mon état, excepté pourtant ce mot : *m'auriez-vous oublié?* qu'un plus long silence, ni rien au monde n'autoriseroit jamais. J'aurois cru qu'entre vous et moi, nous n'en étions plus, depuis long-temps, à de pareilles craintes. Je vous écris rarement, je vous en ai prévenu, mais je vous écris régulièrement; et, lorsque vous vous livriez à ce cruel doute, vous avez dû recevoir mon n°. 2. De grâce, entendons-nous bien. Je ne puis souvent écrire, sur-tout à présent que mon hôte et sa famille sont ici. Il y a, ce dont je gémis, trois cents lieues de distance entre nous; il faut plusieurs entrepôts à nos lettres qui les retardent, et qui peuvent les retarder davantage. Enfin, vous pouvez au pis vous dire : il est mort ou malade, mais jamais m'a-t-il oublié ?

Autre grief. M. Hume vous apprend, dites-vous, que la province de Derby m'a nommé un des commissaires des barrières, et vous me reprochez de ne vous en avoir rien dit ! Vous auriez raison, si cela étoit vrai ; mais je n'ai jamais ouï parler de pareille folie ; je vous ai prévenu d'être en garde contre tout ce qui pouvoit venir de M. Hume, et de n'ajouter aucune foi à tout ce qu'on vous diroit de moi. De grâce, une fois pour toutes, n'en croyez que ce que je vous dirai moi-même ; vous vous épargnerez bien des jugemens injustes sur mon compte. Par une suite de cette même facilité à tout croire, vous voilà persuadé, sur le rapport de M. Deluze, que je desire voir mes écrits imprimés de mon vivant ; j'ignore sur le rapport de qui M. Deluze lui-même a pu le croire ; ce n'est sûrement pas sur le mien ; et je vous déclare et vous répète pour la dernière fois, dans la sincérité de mon ame, que mon plus ardent desir est que le public n'entende plus parler de moi de mon vivant. Une fois pour toutes, croyez-moi sincère ; ne vous gênez jamais sur cette affaire ; mais soyez persuadé que toute chose égale, j'aime mieux qu'elle ne se fasse qu'après ma mort. Il est vrai que j'ai cru que les planches auroient pu se graver d'avance, et qu'elles auroient pu s'exécuter mieux de mon vivant.

Je me flatte que vous aurez reçu ma précédente assez à temps pour ne faire partir que mes livres de botanique et herbiers, et retenir le reste, quant à présent. Je suis très-content de mon habitation, de mon hôte, de mes voisins, à quelques inconvéniens près ; mais, puisqu'il y en a par-tout, le sage ne les fuit pas, il les supporte, et il m'en coûte peu d'être sage en cela. Mais je vous avoue (et que ceci soit à jamais entre nous deux sans aucune exception), que je sens cruellement votre absence, et que j'ai peine à me détacher de l'espoir de retourner un jour mourir auprès de vous. Mon cœur ne peut renoncer aux douces idées qu'il s'étoit faites; plus j'aime le recueillement et la retraite, plus l'intimité de l'amitié m'est nécessaire, surtout vers la fin de ma carrière et de mes jours, où je n'ai plus d'autre projet à former que l'usage du présent. Je pense aussi, et votre dernière lettre me le confirme, que je ne vous serois pas tout à fait inutile pour la douceur de la vie, sur-tout si vous ne vous mariez pas encore, comme j'y vois peu d'acheminement. C'est pourtant une chose à laquelle il est temps de songer ou jamais. Il y auroit là-dessus trop de choses à dire pour une lettre ; c'est un beau texte pour quand vous viendrez me voir. Quoi qu'il en soit, nous avons en tout état de cause, assez de goûts communs pour les cultiver ensemble avec agrément, et je ne doute pas qu'un jour ou l'autre, l'entreprise du *Dictionnaire de botanique* ne se réveille, et ne nous fournisse pour plusieurs années les plus agréables occupations. Je vous conseille de ne pas abandonner ce goût ; il tient à des connoissances charmantes, et il peut les étendre à l'infini. Voilà, mon cher hôte, un château en Espagne, le seul qui me reste à faire, et auquel je n'ai pas la force de renoncer. Et pourquoi ne s'exécuteroit-il pas un jour? Laissons au public le temps de m'oublier, à vos gens de Neuchâtel celui de s'appaiser, peut-être de se repentir ; préparons à loisir toutes choses dans le plus profond silence, et sans que personne au monde pénètre nos vues : rien ne nous presse, nous sommes les maîtres du temps. Dans quatre ou cinq ans, quand votre maison sera faite, et que vous l'habiterez, je ne vois point d'impossibilité que vous redeveniez dans le fait mon cher hôte. En attendant, je suis tranquille dans ma retraite, le pis sera d'y rester, et de vous y voir quelquefois. Pensez à tout cela, et dites-m'en votre avis, mais sur-tout entre vous et moi, sans aucun confident quelconque; tout est manqué, si ame vivante vient à pénétrer ce projet.

Je ne sais ce qu'est devenu le portrait que je vous avois destiné. J'ai rompu toute correspondance avec M. Hume, et je suis déterminé, quoi qu'il arrive, à ne lui récrire jamais; je regarde le triumvirat de Voltaire, de d'Alembert et de lui comme une chose certaine. Je ne pénètre point leur projet, mais ils en ont un; je ne m'en tourmenterai plus, je n'y songerai pas même, vous pouvez y compter. Mais, en attendant que la vérité se découvre, je ne veux avoir aucun commerce avec aucun des trois; puissent-ils m'oublier comme je les oublie! Quant au portrait, vous l'aurez, vous pouvez y compter, mais je vous demande du temps pour me mettre au fait de toute chose. Je veux, s'il se peut, me faire oublier à Londres comme ailleurs. Cela est très-nécessaire au repos de ma vie, et sur-tout à l'exécution de mon projet. Je vous embrasse.

Je voudrois bien que *la Vision* ne fût pas perdue; n'en pourroit-on pas du moins avoir une copie de quelque façon? il me suffiroit de me l'envoyer cet automne par M. d'Ivernois.

Je dois vous avertir que je n'ai rien écrit à personne de semblable à ce que vous me marquez, et que depuis près de deux ans je n'ai plus de correspondance avec M. Moultou, ne sachant pas même où il est.

Le 14 juin 1766.

C'est bien mon tour d'être inquiet de votre silence, et je le suis beaucoup, tant à cause de votre exactitude ordinaire, que des approches de la goutte que vous avez paru craindre. Veuille le ciel que vous n'ayez pas une si bonne excuse à me donner! Mais, si vous êtes pris en effet, ce dont je tremble, je vous prie en grâce de me faire écrire un mot par M. Jeannin; car j'aime encore mieux être sûr d'un mal, que d'en redouter mille autres. Votre n°. 25 est du 12 mai, depuis lors je n'ai rien reçu, et je ne sais pas encore si vous avez fait partir quelque chose par Mandrot, dont vous m'annonciez le départ pour le 24. Mon hôte (non pas l'hôte de mon cœur par excellence), M. Davenport, est venu passer ici trois semaines avec sa famille. C'est un très-galant homme, plein d'attentions et de soins. Je suis convenu avec lui de l'adresse suivante, sous laquelle vous pouvez m'écrire sans enveloppe, et sans que mon nom paroisse. Pourvu que vous mettiez très-exactement l'adresse comme elle est marquée, ni plus ni moins, et que vous fassiez mettre vos lettres à la poste à Londres ou à Paris, en les affranchissant jusqu'à Londres, elles me parviendront sûrement, promptement, et personne ne les ouvrira que moi. Monsieur Davenport, à Wooton Arsbornbag. *Derbyshire.*

Adieu, mon cher et très-cher hôte, je vous embrasse mille fois de tout mon cœur.

Le 21 juin.

J'ai reçu, mon cher hôte, votre n°. 26, qui m'a fait grand bien. Je me corrigerai d'autant plus difficilement de l'inquiétude que vous me reprochez, que vous ne vous en corrigez pas trop bien vous-même, quand mes lettres tardent à vous arriver : ainsi, médecin, guéris-toi toi-même. Mais non, mon cher ami, cette tendre inquiétude et la cause qui la produit, est une trop douce maladie pour que ni vous ni moi nous en voulions guérir. Je prendrai toutefois les mesures que vous m'indiquez, pour ne pas me tourmenter mal à propos ; et, pour commencer, j'inscris aujourd'hui la date de cette lettre, en recommençant par n°. 1, afin de voir successivement une suite de numéros bien en ordre. Ma première ferveur d'arrangement est toujours une chose admirable, malheureusement elle ne dure pas.

Je vous suis bien obligé des ordres que vous avez donnés à vos banquiers à mon sujet. Ma situation me force à me prévaloir des seize cents livres par an, même avant que vous ayez reçu les trois cents louis de milord Maréchal, qui, j'espère, ne tarderont pas beaucoup encore. Je n'ai point de scrupule sur cet arrangement, par rapport à vous dont je connois le cœur, et dont je suppose la fortune en état d'y répondre ; je n'en ai pas non plus par rapport à moi, dont le cœur répond au vôtre, et qui crois pouvoir vous fournir de quoi ne rien perdre avec moi, pourvu que vous puissiez attendre. S'il arrivoit que les tracas d'affaires d'intérêt, dont vous m'avez parlé, influassent sur votre situation présente, j'exige qu'en pareil cas vous me le disiez franchement, parce que je puis trouver d'autres ressources, auxquelles je préfère le plaisir de tenir de vous ma subsistance, mais qui peuvent au besoin me servir de supplément. J'ai bien des choses à vous dire que je ne puis confier à une lettre qui peut s'égarer. Quand vous viendrez, je vous dirai ce qui s'est passé, et je crois que vous conviendrez que j'ai fait ce que j'ai dû faire ; mais ce que je dois sur toute chose est de ne vous pas laisser mettre à l'étroit pour l'amour de moi. Ainsi, promettez-moi de me parler sans détour dans l'occasion, et commencez dès à présent, si vous êtes dans le cas.

J'aurois fort souhaité que vous n'eussiez pas fait partir mes livres, mais c'est une affaire faite ; je sens que l'objet de toute la peine que vous avez prise pour cela, n'étoit que de me fournir des amusemens dans ma retraite ; cependant vous vous êtes trompé ; j'ai perdu tout goût pour la lecture, et hors des livres de botanique, il m'est impossible de lire plus rien. Ainsi, je prendrai le parti de faire rester tous ces livres à Londres, et de m'en défaire comme je pourrai, attendu que leur transport jusqu'ici me coûteroit beaucoup au delà de leur valeur; que cette dépense me seroit fort onéreuse; que quand ils seroient ici, je ne saurois pas trop où les mettre ni qu'en faire. Je suis charmé qu'au moins vous n'ayez pas envoyé les papiers.

Soyez moins en peine de mon humeur, mon cher hôte, et ne le soyez point de ma situation. Le séjour que j'habite est fort de mon goût; le maître de la maison est un très-galant homme, pour qui trois semaines de séjour qu'il a fait ici avec sa famille, ont cimenté l'attachement que ses bons procédés m'avoient donné pour lui. Tout ce qui dépend de lui est employé pour me rendre le séjour de sa maison agréable; il y a des inconvéniens; mais où n'y en a-t-il pas? Si j'avois à choisir de nouveau dans toute l'Angleterre, je ne choisirois pas d'autre habitation que celle-ci; ainsi j'y passerai très-patiemment tout le temps que j'y dois vivre; et si j'y dois mourir, le plus grand mal que j'y trouve, est de mourir loin de vous, et que l'hôte de mon cœur ne soit pas aussi celui de mes cendres;

car je me souviendrai toujours avec attendrissement de notre premier projet ; et les idées tristes, mais douces qu'il me rappelle, valent sûrement mieux que celles du bal de votre folle amie. Mais je ne veux pas m'engager dans ces sujets mélancoliques qui vous feroient mal augurer de mon état présent, quoiqu'à tort ; et, je vous dirai qu'il m'est venu cette semaine de la compagnie de Londres, hommes et femmes, qui tous, à mon accueil, à mon air, à ma manière de vivre, ont jugé, contre ce qu'ils avoient pensé, avant de me voir, que j'étois heureux dans ma retraite, et il est vrai que je n'ai jamais vécu plus à mon aise, ni mieux suivi mon humeur du matin au soir. Il est certain que la fausse lettre du roi de Prusse et les premières clabauderies de Londres m'ont alarmé, dans la crainte que cela n'influât sur mon repos dans cette province, et qu'on n'y voulût renouveler les scènes de Motiers ; mais, sitôt que j'ai été tranquillisé sur ce chapitre, et qu'étant une fois connu dans mon voisinage, j'ai vu qu'il étoit impossible que les choses y prissent ce tour là, je me suis moqué de tout le reste, et si bien, que je suis le premier à rire de toutes leurs folies. Il n'y a que la noirceur de celui qui sous main fait aller tout cela, qui me trouble encore; cet homme a passé mes idées; je n'en imaginois pas de faits comme lui. Mais, parlons de nous. Il me manque de vous revoir pour chasser tout souvenir cruel de mon ame. Vous savez ce qu'il me faudroit de plus pour mourir heureux, et je suppose que vous avez reçu la lettre que je vous ai écrite par M. d'Ivernois; mais, comme je regarde ce projet comme une belle chimère, je ne me flatte pas de le voir réaliser. Laissons la direction de l'avenir à la Providence. En attendant, j'herborise, je me promène, je médite le grand projet dont je suis occupé, je compte même, quand vous viendrez, pouvoir déjà vous remettre quelque chose; mais la douce paresse me gagne chaque jour davantage, et j'ai bien de la peine à me mettre à l'ouvrage; j'ai pourtant de l'étoffe assurément, et bien du desir de la mettre en œuvre. Mlle. le Vasseur est très-sensible à votre souvenir; elle n'a pas appris un seul mot d'anglais ; j'en avois appris une trentaine à Londres que j'ai tous oublié ici, tant leur terrible barragoin est indéchiffrable à mon oreille. Ce qu'il y a de plaisant, est que pas une ame dans la maison ne sait un mot de français. Cependant, sans s'entendre, on va et l'on vit. Bonjour.

J'écrirai à Berlin la semaine prochaine, et je parlerai de M. d'Escherny. Mille salutations de ma part à tous ceux qui m'aiment, et mille tendres respects à la bonne maman.

Le 19 juillet.

J'avois le pressentiment de votre goutte, et j'en sentois l'inquiétude, tandis que vous en sentiez le mal; vous en voilà, j'espère, délivré, du moins pour cette année. La prévoyance de ces retours annuels est terrible; cependant, si de vives douleurs laissoient raisonner, ce seroit quelque consolation, tandis qu'elles durent, de sentir qu'on achète à ce prix onze mois de repos. Quant à moi, si je pouvois rassembler en un point ce que je souffre en détail, j'en ferois le marché de grand cœur; car les intervalles de repos donnent seuls un prix à la vie. Mais comme je ne doute point que cette somme de douleurs ne fût beaucoup moindre que la vôtre, je sens que ce triste marché ne doit pas vous agréer. Cependant, à toute mesure, souffrir beaucoup me paroît encore préférable à souffrir toujours. O mon hôte, ne renouvelons pas nos douleurs dans leur relâche, en nous en rappelant le cruel souvenir ! Contentons-nous de tâcher, comme vous faites, d'adoucir la rigueur de leurs attaques par toutes les précautions que la raison peut suggérer. Celle du grand exercice me paroît excellente; la goutte doit son origine à la vie sédentaire ; il faut du moins empêcher sa cause de la nourrir. Vous semblez mettre en parité l'exercice pédestre, l'équestre et le mouvement du carrosse ; c'est en quoi je ne suis pas de votre avis. Le carrosse est à peine un mouvement, et posant à cheval sur son derrière et sur ses pieds, on a plus d'à moitié le corps en repos. Dans la marche à pied, toutes les articulations agissent, et le mouvement du sang accéléré, excite une transpiration salutaire. Il n'est pas possible que, tandis qu'on marche, aucune secrétion d'humeurs se fasse hors de son lieu ; marchez donc, voyagez, herborisez; allez à Cressier à pied, revenez de même, dût quelque taureau vous faire en passant les honneurs du bois.

Quant à l'abstinence que vous voulez vous prescrire, je l'approuve aussi, pourvu qu'elle n'aille pas trop loin. Continuez de ne pas souper, vous en dormirez plus paisiblement et mieux ; ne joignez pas le souper au dîner, en doublant la dose, c'est encore fort bien ; mais n'allez pas partir de là pour vivre en anachorette, et peser vos alimens comme Sanctorius. Beaucoup d'exercice et beaucoup d'abstinence vont mal ensemble ; c'est un régime que n'approuve pas la nature, puisqu'à proportion de l'exercice qu'on fait, elle augmente l'appétit : il faut être sobre jusque dans la sobriété. Choisissez vos mets sans les mesurer ; ayez une table frugale, mais suffisante ; que tout y soit simple, mais bon dans son espèce. Point de primeurs, rien de recherché, rien de rare, mais tout bien choisi dans son meilleur temps. C'est ainsi que j'ai vécu dans mon petit ménage, et que j'y vivrois toujours, quand j'aurois cent mille écus de rente. Je me souviens d'avoir mangé chez vous du pain de farine échauffée et du poisson qui n'étoit pas frais ; voilà qui est pernicieux. Je sais que madame la commandante y fait tout son possible ; malheureusement on n'est pas riche impunément. Mais voilà sur-tout où doit porter sa vigilance et la vôtre ; que rien ne soit fin, mais que tout soit sain.

Il y a, mon cher hôte, une autre sorte d'abstinence que je crois beaucoup plus importante à votre état, et qui seule, je n'en doute point, pourroit opérer votre guérison. Le vieux Dumoulin répétoit souvent que jamais homme continent n'avoit eu la goutte; et il disoit aux goutteux qui se mettoient au lait : « Buvez du » vin de Champagne, et quittez les filles. » Mon cher hôte, je ne suis point content de ce que vous m'avez écrit à ce sujet : ce que vous regardez comme la consolation de votre existence, est précisément ce qui vous la rend à charge. Un sang appauvri ne porte au cerveau que des esprits languissans et morts, et n'engendre que des idées tristes. Laissez reprendre à votre sang tout son baume, bientôt vous verrez aussi la nature et les êtres reprendre à vos yeux une face riante, et vous sentirez avec délices le plaisir d'exister. La santé du corps, la vigueur de l'ame, la vivacité de l'esprit, la gaîté de l'humeur, tout tient à ce grand point, et le seul régime utile aux vaporeux est précisément le seul dont ils ne s'avisent jamais. Je vous prêche un jeûne que l'habitude contraire a rendu fort difficile, je le sais bien; mais là-dessus, la goutte doit être un meilleur prédicateur que moi. Cependant, il s'agit moins ici de grands efforts que d'une certaine adresse; il faut moins songer à vaincre qu'à éviter le combat; il faut savoir se distraire et s'occuper beaucoup, mais sur-tout agréablement, car les occupations déplaisantes ont besoin de délassement, et voilà précisément où nous attend l'ennemi. Mon cher hôte, j'ai le plus grand besoin de vous, je donnerois la moitié de ma vie pour vous voir heureux et sain, et je suis persuadé que cela dépend de vous encore. J'ai une grande entreprise à vous proposer; essayez un an de mon pénible mais utile régime. Si dans un an la machine n'est pas remontée, si l'ame ne se ranime pas, si la goutte revient comme auparavant, je me tais, reprenez votre train. Mais de grâce, pensez à ce que votre ami vous propose, si vous pouvez encore aspirer au bonheur et à la santé; de si grands objets ne méritent-ils pas bien des sacrifices? Pour les rendre moins onéreux, donnez-vous quelque goût qui devienne enfin passion, s'il est possible, et qui remplisse tous vos loisirs. Je vous ai conseillé la botanique, je vous la conseille encore, à cause du double profit de l'amusement et de l'exercice, et que quand on a bien herborisé dans les rochers pendant la journée, on n'est pas fâché le soir d'aller coucher seul. J'y vois des avantages que d'autres occupations réuniroient difficilement aussi bien. Toutefois, suivez vos goûts, quels qu'ils soient, mais occupez-vous tout de bon, vous sentirez quels charmes prennent par degrés les connoissances, à mesure qu'on les cultive : tel curieux analyse avec plus de plaisir une jolie fleur qu'une jolie fille. Dieu veuille, mon très-cher hôte, que bientôt ainsi soit de vous !

J'écrirai cette semaine à milord Maréchal, pour l'affaire de M. d'Escherny, à qui je vous prie de faire mes salutations et mes excuses de ce que je ne lui réponds pas; c'est une suite de la résolution que j'ai prise de n'écrire plus à personne qu'au seul milord M.... et à vous. Je sens combien il importe au repos du reste de ma vie que je sois totalement oublié du public. Je serois pourtant bien fâché que mes amis m'oubliassent, mais c'est ce que je n'ai pas à craindre de ceux qui sont près de vous, et quelque jour, eux ou leurs enfans auront des preuves que je ne les oublie pas non plus. Mais, quand on écrit, les lettres se montrent, on parle d'un homme, et il m'importe qu'on cesse de parler de moi, au point d'être censé mort de mon vivant. Je ne me suis pas réservé une seule correspondance à Paris, à Genève, à Lyon, pas même à Yverdun; mais mon cœur est toujours le même, et je me flatte, mon cher hôte, que dans tout ce qui est à votre portée, vous voudrez bien suppléer à mon silence dans l'occasion. Je suis très-fâché que M. de Pury, que j'aime de tout mon cœur, ait à se plaindre de quelques propos de Mlle. le Vasseur, qui probablement lui ont été mal rendus; mais je suis surpris en même temps, qu'un homme d'autant d'esprit daigne faire attention à ces petits bavardages femelles. Les femmes sont faites pour cailleter, et les hommes pour en rire. J'ai si bien pris mon parti sur tous ces dits et redits de commères, qu'ils sont pour moi comme n'existant pas; il n'y a que ce moyen de vivre en repos.

Je vous suis obligé de la copie de la lettre de M. Hume, que vous m'avez envoyée; c'est à peu près ce que j'imaginois. L'article des trente livres sterlings de pension m'a fait rire; vous pourrez, du moins je m'en flatte, juger par vous-même de ce qu'il en est. Je renvoie à ce même temps les explications qui le regardent sur ce qui s'est passé entre lui et moi. Je vois par vos lettres et par celle de M. d'Escherny, que vous me jugez l'un et l'autre fort affecté des satyres publiques et du radotage de ce pauvre Voltaire. Je laisse croire aux autres ce qu'il leur plaît; mais, comment se peut-il que vous me connoissiez si mal encore, vous qui savez que je fais imprimer moi-même les libelles qui se font contre moi ? Soyez bien persuadé que depuis long-temps rien, de la part de mes ennemis ni du public, ne peut m'affecter un seul moment. Les coups qui me navrent me sont portés de plus près , et j'en serois digne si je n'y étois pas sensible. Si le prédicant de Montmolin publioit des satyres contre vous, je crois qu'elles ne vous blesseroient guères ; mais si vous appreniez que J. J. Rousseau s'entend avec lui pour cela, resteriez-vous de sang froid ? J'espère que non. Voilà le cas où je me trouve. De grâce, mon bon hôte, ne soyez plus si prompt à me juger sans m'entendre ; quelque jour vous conviendrez, je m'assure, que je suis en Angleterre le même que je fus auprès de vous.

J'étois bien sûr que les trois cents louis ne tarderoient pas d'arriver. Celui qui les envoie est un bon papa qui n'oublie pas ses enfans ;

mais, au compte que vous faites à ce sujet, il me paroît que mon cher tuteur, si on le laissoit faire, auroit besoin lui-même d'un autre tuteur. Nous parlerons de cela une autre fois. J'ai tiré sur vos banquiers une lettre de 730 livres de France, lesquelles jointes aux 70 livres marquées sur votre compte, font 800 livres pour le premier sémestre. Je n'ai point encore reçu de nouvelles de mes livres. Mille tendres salutations à tous nos amis, et respects à la très-bonne maman. Je vous embrasse.

A Wooton, le 16 août 1766.

Je ne doute point, mon cher hôte, que les choses incroyables que M. Hume écrit par-tout ne vous soient parvenues, et je ne suis pas en peine de l'effet qu'elles feront sur vous. Il promet au public une relation de ce qui s'est passé entre lui et moi, avec le recueil des lettres. Si ce recueil est fait fidèlement, vous y verrez, dans celle que je lui ai écrite le 10 juillet, un ample détail de sa conduite et de la mienne, sur lequel vous pourrez juger entre nous; mais, comme infailliblement il ne fera pas cette publication, du moins sans les falsifications les plus énormes, je me réserve à vous mettre au fait par le retour de M. d'Ivernois; car, vous copier maintenant cet immense recueil, c'est ce qui ne m'est pas possible, et ce seroit rouvrir toutes mes plaies. J'ai besoin d'un peu de trève pour reprendre mes forces prêtes à me manquer. Du reste, je le laisse déclamer dans le public, et s'emporter en injures les plus brutales ; je ne sais point quereller en charretier. J'ai un défenseur dont les opérations sont lentes, mais sûres, je les attends et je me tais.

Je vous dirai seulement un mot sur une pension du roi d'Angleterre dont il a été question, et dont vous m'avez parlé vous-même. Je ne vous répondis pas sur cet article, non-seulement à cause du secret que M. Hume exigeoit au nom du roi, et que je lui ai fidèlement gardé jusqu'à ce qu'il l'ait publié lui-même ; mais parce que n'ayant jamais bien compté sur cette pension, je ne voulois vous flatter, pour moi, de cette espérance, que quand je serois assuré de la voir remplir. Vous sentez que, rompant avec M. Hume, après avoir découvert ses trahisons, je ne pouvois, sans infamie, accepter des bienfaits qui me venoient par lui. Il est vrai que ces bienfaits et ces trahisons semblent s'accorder fort mal ensemble : tout cela s'accorde pourtant fort bien. Son plan étoit de me servir publiquement avec la plus grande ostentation, et de me diffamer en secret avec la plus grande adresse ; ce dernier objet a été parfaitement rempli : vous aurez la clef de tout cela. En attendant, comme il publie par-tout qu'après avoir accepté la pension, je l'ai malhonnêtement refusée, je vous envoie une copie de la lettre que j'écrivis à ce sujet au ministre, par laquelle vous verrez ce qu'il en est. Je reviens maintenant à ce que vous m'en avez écrit.

Lorsqu'on vous marqua que la pension m'avoit été offerte, cela étoit vrai ; mais, lorsqu'on ajouta que je l'avois refusée, cela étoit parfaitement faux ; car, au contraire, sans aucun doute alors sur la sincérité de M. Hume, je ne mis, pour accepter cette pension, qu'une condition unique, savoir, l'agrément de milord Maréchal, que, vu ce qui s'étoit passé à Neuchâtel, je ne pouvois me dispenser d'obtenir. Or, nous avions eu cet agrément avant mon départ de Londres ; il ne restoit, de la part de la cour, qu'à terminer l'affaire, ce que je n'espérois pourtant pas beaucoup ; mais, ni dans ce temps-là, ni avant, ni après, je n'en ai parlé à qui que ce fût au monde, hors au seul milord Maréchal, qui sûrement m'a gardé le secret. Il faut donc que ce secret ait été ébruité de la part de M. Hume : or, comment M. Hume a-t-il pu dire que j'avois refusé, puisque cela étoit faux, et qu'alors mon intention n'étoit pas même de refuser? Cette anticipation ne montre-t-elle pas qu'il savoit que je serois bientôt forcé à ce refus, et qu'il entroit même dans son projet de m'y forcer, pour amener les choses au point où il les a mises? La chaîne de tout cela me paroît importante à suivre pour le travail dont je suis occupé, et si vous pouviez parvenir à remonter, par votre ami, à la source de ce qu'il vous écrit, vous rendriez un grand service à la chose et à moi-même.

Les choses qui se passent en Angleterre à mon égard, sont, je vous assure, hors de toute imagination. J'y suis dans la plus complète diffamation où il soit possible d'être, sans que j'aie donné à cela la moindre occasion, et sans que pas une ame puisse dire avoir eu personnellement le moindre mécontentement de moi. Il paroît maintenant que le projet de M. Hume et de ses associés, est de me couper toute ressource, toute communication avec le continent, et de me faire périr ici de douleur et de misère. J'espère qu'ils ne réussiront pas ; mais deux choses me font trembler : l'une, est qu'ils travaillent avec force à détacher de moi M. Davenport, et que, s'ils réussissent, je suis absolument sans asile et sans savoir que devenir ; l'autre, encore plus effrayante, est qu'il faut absolument que pour ma correspondance avec vous, j'aie un commissionnaire à Londres, à cause de l'affranchissement jusqu'à cette capitale, qu'il ne m'est pas possible de faire ici. Je me sers, pour cela, d'un homme que je ne connois point, mais qu'on m'assure être un fort honnête homme.

Si, par quelque accident, cet homme venoit à me manquer, il ne me resteroit personne à qui adresser mes lettres en sûreté, et je ne saurois plus comment vous écrire. Il faut espérer que cela n'arrivera pas ; mais, mon cher hôte, je suis si malheureux ! il ne me faudroit que ce dernier coup.

Je tâche de fermer de tous côtés la porte aux nouvelles affligeantes ; je ne lis plus aucun papier public, je ne réponds plus à aucune lettre, ce qui doit rebuter à la fin de m'en écrire. Je ne parle que de choses indifférentes au seul voisin avec lequel je converse, parce qu'il est le seul qui parle français. Il ne m'a pas été possible, vu la cause, de n'être pas affecté de cette épouvantable révolution, qui, je n'en doute point, a gagné toute l'Europe ; mais cette émotion a peu duré, la sérénité est revenue, et j'espère qu'elle tiendra ; car il me paroît difficile qu'il m'arrive désormais aucun malheur imprévu. Pour vous, mon cher hôte, que tout cela ne vous ébranle pas ; j'ose vous prédire qu'un jour l'Europe portera le plus grand respect à ceux qui en auront conservé pour moi dans mes disgrâces.

A Wooton, le 4 octobre 1766.

Tu quoque !......

J'ai reçu, mon cher hôte, votre lettre n°. 32 ; je n'ai pas besoin de vous dire quel effet elle a fait sur moi ; j'ai besoin plutôt de vous dire qu'elle ne m'a pas achevé. Celle n°. 30 ne me préparoit pas à celle-là ; ce que vous aviez écrit à Panckouke m'y préparoit encore moins ; et j'aurois juré, sur-tout après la promesse que vous m'aviez faite, que vous étiez à l'épreuve du voyage de Genève. J'avois tort, je devrois savoir mieux que personne, qu'il ne faut jurer de rien. Le soin que vous prenez de me ramasser les jugemens du public sur mon compte, m'apprend assez quels sont les vôtres, et je vois que, si vous exigez que je me justifie, c'est surtout auprès de vous ; car, quant au public, vous savez que vos soins là-dessus sont inutiles, que mon parti est pris sur ce point, et que de mon vivant je n'ai plus rien à lui dire.

Mais, avant de parler de ma justification, parlons de la vôtre ; car, enfin, je n'ai aucun tort avec vous, que je sache, et vous en avez avec moi de peu pardonnables ; puisqu'avant de se résoudre d'accabler un ami dans mon état, il faut s'assurer d'avoir dix fois raison, après quoi l'on a tort encore. J'entre en matière.

Je vous disois dans ma précédente lettre, que lorsqu'on vous marqua que la pension m'avoit été offerte, cela étoit vrai; mais que, lorsqu'on ajouta que je l'avois refusée, cela étoit faux ; qu'il étoit faux même que j'eusse alors l'intention de la refuser; que, comme c'étoit alors un secret, je n'en avois parlé à qui que ce fût ; qu'il falloit donc que ce bruit anticipé fût venu de M. Hume, qui lui-même avoit exigé le secret, etc. etc.

Là-dessus, voici votre réponse ; de peur de la mal extraire, je la transcrirai mot à mot :

« Votre lettre au général Conway est du
» 12 mai, et l'affaire de votre démêlé n'a éclaté
» dans ce pays et à Genève que sur la fin de
» juillet; à Paris, dans le courant du même
» mois, ou dans celui de juin. Il est donc pos-
» sible que M. Hume n'ait parlé dans sa lettre
» à d'Alembert, de votre pension, que sur le
» refus de l'accepter fait à M. Conway. Je dis
» possible, parce que n'ayant pas la date de la
» lettre à d'Alembert, je ne peux pas l'assurer;
» mais l'époque en est du mois de juin au plu-
» tôt. Ainsi, la conséquence que vous tirez
» contre Hume, de cette circonstance, n'est
» pas nécessaire, et le secret ébruité de la pen-
» sion n'a eu lieu qu'après votre refus ! Je vous
» fais cette réflexion, pour vous engager à bien
» combiner les dates, à bien vous en assurer,
» avant d'établir sur elles aucunes inductions.
» Il me sera difficile d'avoir la date de cette
» lettre à d'Alembert, puisqu'elle ne se com-
» munique plus, mais je tâcherai d'en savoir
» ce que je pourrai. Ce que j'en savois, venoit

» d'une lettre de M. Fischer au capitaine Stei-
» ner de Couvet; la lettre étoit de fraîche date,
» et je vous écrivis sur le champ son contenu,
» et cela le 31 juillet. »

Il paroît par tout ce récit, que je vous en ai imposé dans le mien, en antidatant le bruit répandu de mon refus, pour en accuser M. Hume. Je crois que vous n'avez pas tiré positivement cette conséquence ; mais, comme elle suit nécessairement de votre exposé, sur-tout de la fin, il a bien fallu, malgré vous, qu'elle se présentât au moins dans l'éloignement, puisqu'il étoit totalement impossible, de la manière que vous présentez la chose, que je fusse dans l'erreur sur ce point ; et, quand j'y aurois été, cette erreur sur pareil sujet eût été une étourderie impardonnable à mon âge, et ne pouvoit que rendre mon caractère très-suspect. Or, sans vous parler des devoirs de l'amitié, ceux de l'équité, de l'humanité, du respect qu'on doit aux malheureux, vouloient que vous commençassiez par bien vous assurer des faits qui entraînoient cette conséquence, et que vous ne vous fiassiez pas légèrement à votre mémoire pour m'imputer une pareille méchanceté. Avant d'aller plus loin, je vous supplie de rentrer ici en vous-même, et de vous demander si j'ai tort ou raison.

Suivez maintenant ce que j'ai à vous dire.

Premièrement, je viens de relire, en entier, votre lettre du 31 juillet, n°. 30, et je n'y ai pas trouvé un seul mot de M. d'Alembert, ni de M. Fischer, ni de M. Steiner, ni de rien de ce que vous dites y avoir mis à ce sujet, et il n'en est question, que je sache, dans aucune autre de vos lettres.

Mais voici ce que vous m'écriviez le 16 mars, dans votre n°. 21 :

« Si vous avez besoin d'un homme sûr, adres-
» sez-vous hardiment à mon ami Cerjeat ; je
» vous fournis son adresse à tout évènement.
» Il me dit que l'on prétend que le roi vous a
» offert une pension que vous avez refusée,
» par la raison que vous n'aviez pas voulu ac-
» cepter celle que le roi de Prusse vouloit vous
» faire ; que vous ne voulez pas recevoir des
» Suisses, et que vous vous plaignez de l'accueil
» que vous avez trouvé en Angleterre. »

Voici là-dessus comment je raisonnois en vous écrivant le 16 août.

M. de Cerjeat n'a pu vous écrire de Londres plus tard que le commencement de mars, ce que vous me marquez de Neuchâtel du 16.

Or, au commencement de mars, j'étois encore à Londres, d'où je ne suis parti que le 19 pour ce pays.

Au commencement de mars, M. Hume avoit encore toute ma confiance, et j'avois eu la bétise de ne pas le pénétrer, quoiqu'il entrât dans son profond projet que je le pénétrasse, et que personne au monde ne le pénétrât que moi seul.

Au commencement de mars, j'étois très-déterminé, sauf l'aveu de milord Maréchal, d'accepter la pension, si réellement elle m'étoit donnée ; chose dont, à la vérité, j'ai toujours douté.

Et au commencement de mars, je n'avois parlé de cette pension à qui que ce fût, qu'au seul milord Maréchal, du consentement de M. Hume, et l'on ne pouvoit encore avoir la réponse.

Je concluois de là qu'il falloit que le bruit parvenu à M. de Cerjeat eût été répandu par M. Hume, qui m'avoit recommandé le secret, et je pensois, comme je le pense encore, qu'il eût peut-être été très-important pour moi qu'on pût remonter à la source de ce premier bruit; mais j'avoue que dans l'état déplorable où j'achève ma malheureuse vie, il est plus aisé de m'accabler que de me servir.

Combinez et concluez vous-même; pour moi, je n'ajouterai rien. Voilà, Monsieur, mon premier grief. Commençons, si vous voulez bien, par le mettre en règle, avant que d'aller plus loin. Aussi bien, je sens que mes forces achèvent de m'abandonner, et j'ai besoin d'un peu de relâche dans le travail cruel auquel, au lieu de consolations que j'attendois de vous, il vous plaît de me condamner. Je reprendrai votre lettre article par article; et, avec l'ame que je vous connois, vous gémirez de l'avoir écrite; mais, en attendant, elle aura fait son effet. Je vous embrasse, mon cher hôte, de tout mon cœur.

J'ai reçu réponse de milord Maréchal sur l'affaire de M. d'Escherny. Dans ma première lettre, je vous ferai l'extrait de la sienne.

Je reçois en ce moment votre n°. 33, et j'y vois que M. Deluze nie que nous ayons jamais couché tous trois dans la même chambre durant la route. M. Deluze nie cela! Mon Dieu! suis-je parmi des hommes? Mon Dieu! mais je crois que c'est un défaut de mémoire. Mon Dieu! demandez, de grâce, à M. Deluze, comment donc nous couchâmes à Roye, je crois que c'est à Roye, la première nuit de notre départ de Paris? Rappelez-lui que nous occupâmes une chambre à trois lits, dont je donne ici le plan pour éviter une longue description....

La main me tremble, je ne saurois tracer la figure. Il y avoit deux lits des deux côtés de la porte, et un dans le fond à main droite, que j'occupai; la cheminée étoit entre mon lit et celui de M. Deluze, qui étoit à main droite en entrant. M. Hume occupoit celui de la gauche, et faisoit diagonale avec moi. La table où nous avions soupé étoit devant la cheminée, entre le lit de M. Deluze et le mien. Je me couchai le premier, M. Deluze ensuite, M. Hume le dernier. Je le vois encore prendre sa chemise à manches étroites plissées.... Mon Dieu!.... Parlez, de grâce, à M. Deluze; et son domestique nie-t-il aussi? Non, ce domestique est un valet, mais c'est un homme. Malheureusement, je ne l'ai pas revu depuis notre arrivée à Londres; il n'a point eu d'étrennes....... mais c'est un homme enfin. Si nous n'avions pas couché dans la même chambre, imaginez-vous à quel degré iroit ma stupidité, d'aller choisir un pareil mensonge, et concevez - vous que

Hume l'eût laissé passer sans le relever? J'ose dire plus : Hume, tout Hume qu'il est, ne le niera pas, s'il ne sait pas que M. Deluze le nie. Ah Dieu! parmi quels êtres suis-je? Toute chose cessante, parlez à M. Deluze, et me répondez un mot, un seul mot, et je ne vous demande plus rien. Il me paroît, messieurs, que vous avez l'un et l'autre peu de mémoire au service de la vérité et des malheureux.

Il n'y avoit sur votre n°. 33 qu'un petit brin de cire, très-légèrement mis, et le peu d'empreinte qui paroît n'est pas de votre cachet. Si cette lettre a été ouverte, jugez de ce qu'il en peut arriver !

A Wooton, le 25 octobre 1766.

J'apprends, mon cher hôte, par votre n°. 34, le sujet qui vous conduit à Béfort. Tous mes vœux vous y accompagnent; puissiez-vous y recouvrer votre bonne ouïe! Je vois maintenant, avec une peine extrême, qu'elle ne s'affecte plus qu'à force de bruit.

J'ai vu aussi l'extrait de la lettre de milord

M...., où il vous dit que je blâme M. Hume d'avoir demandé et obtenu la pension sans mon aveu. J'avoue rondement que si cela est, je suis un extravagant tout au moins. Je n'ai rien à dire de plus sur cet article; et, dès que milord M.... m'accuse, je ne sais plus me justifier, ou du moins je ne le sais que pardevant lui. Revenons à vous.

J'ai fait sur vos trois dernières lettres des réflexions qu'il faut que je vous communique. Supposons que je fusse mort avant de les avoir reçues, et par conséquent avant d'avoir pu m'expliquer avec vous, ni avec M. Deluze, ni avec milord Maréchal.

Parce qu'une lettre de M. d'Alembert parloit d'un bruit répandu à Paris du refus de la pension du roi d'Angleterre, vous auriez continué de conclure que ce bruit n'avoit pu courir à Londres auparavant; et, ayant parfaitement oublié ce que vous avoit écrit M. de Cerjeat, vous seriez resté persuadé que j'avois antidaté ce même bruit, tout exprès pour en accuser M. Hume.

Milord M...., qui prend pour un grief, ce dont je me plains, un fait que je lui rapporte en preuve d'un autre fait, auroit toujours vu que je blâmois M. Hume, quand j'aurois dû le remercier; et il eût conclu de là que non-seulement je m'abusois sur le compte du bon David, mais que j'avois cherché les chicanes les plus ridicules pour avoir le plaisir de rompre avec lui.

M. Deluze, fondé sur cet admirable argument qu'il vous a donné pour bon, et que vous avez pris pour tel, que lorsqu'en route deux passagers couchent dans la même chambre, il est impossible qu'il y en couche un troisième; M. Deluze, dis-je, eût tenu bon dans cette persuasion, que, puisqu'il avoit toujours couché dans la même chambre que M. Hume, je n'y avois jamais couché. Il eût donc cru d'abord, comme il a fait, que la lettre à M. Hume, où je disois y avoir couché, étoit falsifiée. Mais, quand enfin l'on eût vérifié que la lettre étoit bien authentique sur cet article, il eût nécessairement conclu qu'avec une impudence incroyable, j'avois inventé cette fausseté pour appuyer une calomnie.

Je pourrois ajouter ici l'article de M. Vernes, sur lequel vous êtes revenu deux fois de suite; mais je le réserve pour un autre lieu. Les trois précédens me suffisent, quant à présent.

De ces trois jugemens communiqués entre vous et bien combinés, il eût résulté qu'avec tous mes beaux raisonnemens, et avec toute la feinte probité dont je m'étois paré durant ma vie, je n'étois au fond qu'un insensé, un menteur, un calomniateur, un scélérat; et, comme l'autorité de mes plus vrais amis n'étoit pas suspecte, si ma mémoire eût passé à la postérité, elle n'y eût passé que comme celle d'un malfaiteur, dont on se souvient uniquement pour le détester.

Et tout cela, parce que M. Deluze n'a point de mémoire et raisonne mal; parce que M. du Peyrou n'a point de mémoire et raisonne mal, et parce que milord M...., prévenu que je blâme à tort le bon David, voit par-tout ce blâme, et même où je n'en ai point mis.

Cela m'a bien appris, mon cher hôte, ce que vaut l'opinion des hommes quels qu'ils soient, et à quoi tient ce qu'on appelle dans le monde honneur et réputation, puisque l'évènement le plus cruel, le plus terrible de ma vie entière, celui dont j'ai porté le coup accablant avec le plus de constance, où je n'ai pas fait une démarche qui ne soit un acte de vertu, est précisément celui qui, si je n'y avois pas survécu, m'attiroit une ignominie éternelle, non pas seulement de la part du stupide public, mais de la part des hommes du meilleur sens, et de mes plus solides amis.

En devenant insensible aux jugemens du public, je n'ai fait que la moitié de ma tâche; j'ai gardé toute ma sensibilité à l'estime de ceux qui ont toute la mienne, et par là je me suis assujetti à tous les jugemens inconsidérés qu'ils peuvent faire, à toutes les erreurs où ils peuvent tomber, puisqu'enfin ils sont hommes. Prévoyant de loin tous les moyens détournés qu'on alloit mettre en usage pour vous détacher de moi, tous les préjugés dont on alloit tâcher de vous éblouir, quelles sages mesures n'ai-je pas prises pour vous en garantir! Comptant, comme j'avois droit de le faire, sur votre confiance en ma probité, j'avois commencé par vous conjurer de ne rien croire de moi que ce que je vous en écrirois moi-même : vous me l'aviez promis très-positivement; et la première chose que vous avez faite, a été de manquer à cette promesse. Vous ne vous êtes pas contenté de vous livrer à tous les bruits du coin des rues, sur ce que je ne vous avois point écrit, mais même sur ce que je vous avois écrit; sitôt que quelqu'un s'est trouvé en contradiction avec moi, c'est lui que vous avez cru, et c'est moi que vous avez refusé de croire. Exemple : dans ce que je vous avois marqué des mauvais offices que le bon David me rendoit auprès de M. Davenport, un M. de Bruhl écrit le contraire, et aussitôt vous me demandez si je suis bien sûr de ce que je vous ai écrit. Vous me permettrez de ne pas trouver, en cette occasion, la question fort obligeante. Je n'ai pas, il est vrai, l'honneur d'être envoyé d'un prince; mais, en revanche, je suis votre ami, et connu de vous ou devant l'être.

Le résultat de toutes ces réflexions, que je vous communique, est de me détacher pour jamais de l'opinion des hommes, quels qu'ils soient, et même de ceux qui me sont les plus chers. Vous avez et vous aurez toujours toute mon estime ; mais je me passerai de la vôtre, puisque vous la retirez si légèrement, et je me consolerai de la perdre, en méritant de la conserver toujours. Je suis las de passer ma vie en continuelles apologies, de me justifier sans cesse auprès de mes amis, et d'essuyer leurs réprimandes, lorsque j'ai mérité tous leurs applaudissemens. Ne vous gênez pas plus désormais que vous n'avez fait jusqu'ici sur ce chapitre; continuez, si cela vous amuse, à me rapporter les folies et les mensonges que vous entendez débiter sur mon compte. Rien de tout cela ne me fâchera plus, je vous le jure; mais je n'y répondrai de ma vie un seul mot.

Ceci, du reste, regarde uniquement l'avenir; car je vous ai promis d'examiner avec vous votre n°. 32, et je veux tenir ma parole; mais il faut finir pour aujourd'hui. Dans l'état où je suis, la tâche que vous m'imposez ne peut se remplir sans reprendre haleine. Je finis donc en vous réitérant mes plus tendres vœux pour votre rétablissement, et en vous embrassant, mon cher hôte, de tout mon cœur.

A Wooton, le 15 novembre 1766.

Je vois avec douleur, cher ami, par votre n°. 35, que je vous ai écrit des choses déraisonnables dont vous vous tenez offensé. Il faut que vous ayez raison d'en juger ainsi, puisque vous êtes de sang froid en lisant mes lettres, et que je ne le suis guères en les écrivant: ainsi, vous êtes plus en état que moi de voir les choses telles qu'elles sont. Mais cette considération doit être aussi de votre part une plus grande raison d'indulgence ; ce qu'on écrit dans le trouble ne doit pas être envisagé comme ce qu'on écrit de sang froid. Un dépit outré a pu me laisser échapper des expressions démenties par mon cœur, qui n'eut jamais pour vous que des sentimens honorables. Au contraire, quoique vos expressions le soient toujours, vos idées ne le sont guères, et voilà ce qui, dans le fort de mes afflictions, a souvent achevé de m'abattre. En me supposant tous les torts dont vous m'avez chargé, il falloit peut-être attendre un autre moment pour me les dire, ou du moins vous résoudre à endurer ce qui en pouvoit résulter. Je ne prétends pas, à Dieu ne plaise, m'excuser ici ni vous charger, mais seulement vous donner des raisons qui me semblent justes, d'oublier les torts d'un ami dans mon état. Je vous en demande pardon de tout mon cœur, j'ai grand besoin que vous me l'accordiez, et je vous proteste avec vérité que je n'ai jamais cessé un seul moment d'avoir pour vous tous les sentimens que j'aurois desiré vous trouver pour moi.

La punition a suivi de près l'offense. Vous

ne pouvez douter du tendre intérêt que je prends à tout ce qui tient à votre santé, et vous refusez de me parler des suites de votre voyage de Béfort. Heureusement vous n'avez pu être méchant qu'à demi, et vous me laissez entrevoir un succès dont je brûle d'apprendre la confirmation. Écrivez-moi là-dessus en détail, mon aimable hôte; donnez-moi tout à la fois le plaisir de savoir que vos remèdes opèrent, et celui d'apprendre que je suis pardonné. J'ai le cœur trop plein de ce besoin, pour pouvoir aujourd'hui vous parler d'autre chose, et je finis en vous répétant du fond de mon ame, que mon tendre attachement et mon vrai respect pour vous ne peuvent pas plus sortir de mon cœur que l'amour de la vertu.

A Wooton, le 8 janvier 1767.

Que Dieu comble de ses bénédictions mon cher hôte, qui, par une réconciliation parfaite, accorde à mon cœur la paix dont il avoit besoin! Je prends à bon augure, dans ces circonstances, celle que vous m'annoncez pour le reste de mes jours à la fin de votre n°. 38. Si je puis obtenir que le public m'oublie, comptez que je ne réveillerai plus ses souvenirs. La postérité me rendra justice, j'en suis très-sûr; cela me console des outrages de mes contemporains.

C'est sans contredit une chose bien douce qu'une réconciliation, mais elle est précédée de momens si tristes, qu'il n'en faut plus acheter à ce prix. La première source de notre petite mésintelligence est venue du défaut de votre mémoire et de la confiance que vous n'avez pas laissé d'y avoir. Dans vos deux pénultièmes lettres, par exemple, parlant de ce que vous avoit dit M. Deluze, vous supposez m'avoir écrit qu'il disoit que je n'avois point couché à Calais dans la même chambre que M. Hume, fait qui est très-vrai. Si c'étoit là, en effet, ce que vous m'aviez écrit auparavant, j'aurois eu grand tort de m'en formaliser, et mes réponses seroient très-ridicules. Mais, mon cher hôte, votre n°. 33 ne parloit point du tout de Calais, et décidoit nettement que je n'avois jamais couché dans la même chambre avec M. Hume; voici vos propres termes :

Deluze doute que vous ayez en effet écrit que vous couchiez dans la même chambre où étoit Hume, *parce que, dit-il, c'est lui, Deluze, qui a toujours pendant la route occupé la même chambre avec M. Hume, et que vous étiez seul dans la vôtre.* Ce mot *toujours* est décisif, ce me semble, non-seulement pour Calais, mais pour toute la route ; et ma réponse, très-blâmable quant à l'emportement, est juste quant au raisonnement.

Dans votre n°. 36, vous me marquez que j'ai rompu publiquement avec M. Hume. Mon cher hôte, où avez-vous pris cela ? Mettez-vous donc sur mon compte le vacarme qu'a fait le bon David, pendant que je n'ai pas dit un seul mot, si ce n'est à lui seul, dans le plus grand secret, et seulement quand il m'y a forcé ? Comme j'étois instruit de son projet, je craignois plus que la mort l'éclat de cette rupture ; je m'en défendis de tout mon pouvoir, et je ne la fis enfin que par des lettres bien cachetées, tandis qu'il faisoit faire un grand détour aux siennes pour me les envoyer ouvertes par M. Davenport. Ces lettres, s'il ne les eût montrées, n'eussent été vues que de lui, et je n'en aurois parlé même à personne au monde, qu'à milord M.... et à vous. Appelez-vous cela rompre publiquement ?

Dans votre n°. 38, vous m'accusez d'avoir mis de la méchanceté dans ma lettre du 10 juillet. Ce que je viens de dire répond d'avance à cette accusation. La méchanceté consiste dans le dessein de nuire. Quand ma lettre eût contenu des choses effroyables, quel mal pouvoit-elle faire à M. Hume, n'étant vue que de lui seul ? Il pouvoit y avoir de la brutalité dans cette lettre, jamais de la méchanceté, puisqu'il n'en pouvoit résulter aucun préjudice pour celui à qui elle étoit écrite, qu'autant qu'il le vouloit bien. Mais, de grâce, relisez avec moins de prévention cette lettre ; dans la position où je l'ai écrite, elle est, j'ose le dire, un prodige de force d'ame et de modération. Forcé de m'expliquer avec un fourbe insigne, qui, sous l'appareil des services, travaille à ma diffamation, je pousse le ménagement jusqu'à ne lui parler qu'en tierce personne, pour éviter, dans ce que j'avois à lui dire, la dureté des apostrophes. Cette lettre est pleine de ses éloges (vous voyez comment il me les a rendus) ; par-tout la raison qui discute, pas un seul trait d'insulte ou d'humeur, pas un mouvement d'indignation, pas un mot dur, si ce n'est quand la force du raisonnement le rend si nécessaire, qu'on ne sauroit ôter le mot sans énerver l'argument ; encore, alors même, ce mot n'est-il jamais direct et affirmatif, mais hypothétique et conditionnel. Si vous blâmez cette lettre, j'en suis d'autant plus fâché, que je veux qu'on juge par elle de l'ame qui l'a dictée.

Cette sévérité de jugemens qui va jusqu'à l'injustice, est aussi loin de votre cœur que de votre raison, et ne vient que du défaut de votre mémoire. Vous recevez des éclaircissemens qui vous font changer d'idée, et vous oubliez que je ne suis pas instruit de ce changement; vous voyez que ma rupture avec M. Hume est publique, et vous oubliez que je n'ai aucune part à cette publicité ; vous voyez que je lui dis des choses dures qui sont imprimées, et vous oubliez également que c'est lui qui m'a forcé de les lui dire, et que c'est lui qui les a fait imprimer. Ce que vous avez écrit vous échappe ou se modifie, et il résulte de tout cela que je vous parois déraisonner toujours, parce qu'au lieu de répondre à votre idée présente, que je ne saurois deviner, je réponds à celle que vous m'avez communiquée, et dont vous ne vous souvenez plus.

Il y auroit à cela deux remèdes en votre

pouvoir; le premier seroit que vous voulussiez bien présumer un peu moins de votre mémoire et un peu plus de ma raison; ensorte que, quand ma réponse cadreroit mal avec ce que vous croyez m'avoir écrit, vous supposassiez qu'il faut que vous m'ayez écrit autre chose, plutôt que de conclure que je ne sais ce que je dis; l'autre seroit de garder des copies des lettres que vous m'écrivez, pour y avoir recours au besoin sur mes réponses. Un troisième moyen seroit que toutes les fois que je réponds à quelque article de vos lettres, je commençasse par transcrire dans la mienne l'article auquel je réponds; mais cette manière de s'armer jusqu'aux dents avec ses amis me paroît si cruelle, que j'aime cent fois mieux me présenter nu et être navré.

Outre les emportemens très-condamnables que je me reproche de mon côté, je tâcherai de me guérir aussi d'une mauvaise fierté qui me fait négliger des avis utiles, pour vous mettre en garde sur ce qu'on vous dit contre moi. Par exemple, quand vous commençâtes à me parler de M. Brulh avec de grands éloges, je ne voulus rien vous répondre là-dessus, et, en effet, je n'ai rien à dire contre ces éloges, parce que je ne connois point du tout le caractère de M. Brulh. Mais, ce que j'aurois pourtant dû vous dire, est qu'il vint me voir à Chiswick, et que son abord, son air, son ton, ses manières me repoussèrent à tel point, qu'il ne fut pas en moi de le bien recevoir.

Je finis sur ce sujet désagréable, pour ne vous en reparler jamais. J'aurois, sur certaines questions que vous me faites dans votre lettre, beaucoup de choses à vous dire que je n'ose confier au papier. J'ignore encore si l'ami qui devoit venir cet automne, pourra venir ce printemps. Je crains qu'il ne soit enveloppé dans les malheurs de sa patrie ; s'il ne vient pas, je ne vois qu'une ressource pour vous parler en sûreté, c'est un chiffre auquel je travaille, et qu'il faudra bien risquer de vous envoyer par la poste, faute de plus sûre voie. Examinez avec grand soin l'état du cachet de la lettre qui le contiendra, pour savoir si elle n'a point été ouverte ; je vous préviens qu'elle sera cachetée avec le talisman arabesque que vous connoissez, et dont on ne sauroit lever et rappliquer l'empreinte sans qu'il y paroisse. Je viens de recevoir de M. de Cerjeat une invitation trop obligeante pour que j'en méconnoisse la source.

Quand vous aurez mon chiffre, nous en dirons davantage. Adieu, mon cher hôte, je sens toute votre amitié, et vous devez connoître assez mon cœur pour juger de la mienne. Mille tendres respects à la bonne maman. Milord M.... me disoit que les hivers étoient doux en Angleterre : nous avons ici un pied de glace et trois pieds de neige ; je ne sentis de ma vie un froid si piquant.

On vient de m'apprendre que les papiers publics disent la santé de milord M.... en mauvais état. Eh quoi ! mon Dieu ! toujours des malheurs, et toujours des plus terribles. Ce qui me rassure un peu, est qu'en conférant la date de sa dernière lettre avec celle de ces nouvelles, je les crois fausses ; mais je ne puis me défendre d'une extrême inquiétude ; il ne m'écrira peut-être de très-long-temps ; si vous avez de ses nouvelles récentes, je vous conjure de m'en donner. Je vous embrasse.

Recevez les remercîmens et respects de Mlle. le Vasseur.

Je compte tirer dans quelques jours sur vos banquiers, une lettre de change de 800 francs.

A Wooton, le 14 février 1767.

Je confesse, mon cher hôte, le tort que j'ai eu de ne pas répondre sur le champ à votre n°. 39 ; car, malgré la honte d'avouer votre crédulité, je vois que l'autorité du voiturier Lecomte avoit fait une grande impression sur votre esprit. Je me fâchois d'abord de cette petite foiblesse, qui me paroissoit peu d'accord avec le grand sens que je vous connois; mais chacun a les siennes, et il n'y a qu'un homme bien estimable à qui l'on n'en puisse pas reprocher de plus grandes que celles-là. J'ai été malade, et je ne suis pas bien ; j'ai eu des tracas qui ne sont pas finis, et qui m'ont empêché d'exécuter la résolution que j'avois prise de vous écrire au plus vîte que je n'étois pas à Morges ; mais j'ai pensé que mon n°. 7 vous le diroit assez, et d'ailleurs, qu'une nouvelle de cette espèce disparoîtroit bientôt pour faire place à quelque autre aussi raisonnable.

Vous savez que j'ai peu de foi aux grands guérisseurs. J'ai toujours eu une médiocre opinion du succès de votre voyage de Béfort, et vos dernières lettres ne l'ont que trop confirmé. Consolez-vous, mon cher hôte, vos oreilles resteront à peu près ce qu'elles sont ; mais, quoi que j'aie pu vous en dire dans ma colère, les oreilles de votre esprit sont assez ouvertes pour vous consoler d'avoir le tympan matériel un peu obstrué. Ce n'est pas le défaut de votre judiciaire qui vous rend crédule, c'est l'excès de votre bonté ; vous estimez trop mes ennemis pour les croire capables d'inventer des mensonges, et de payer des pieds plats pour les divulguer. Il est vrai que si vous n'êtes pas détrompé, ce n'est pas leur faute.

Je tremble que milord M.... ne soit dans le même cas, mais d'une manière bien plus cruelle, puisqu'il ne s'agit pas de moins que de perdre l'amitié de celui de tous les hommes à qui je dois le plus et à qui je suis le plus attaché. Je ne sais ce qu'ont pu manœuvrer auprès de lui le bon David et le fils du jongleur qui est à Berlin ; mais milord M.... ne m'écrit plus, et m'a même annoncé qu'il cesseroit de m'écrire, sans m'en dire aucune autre raison, sinon qu'il étoit vieux, qu'il écrivoit avec peine, qu'il avoit cessé d'écrire à ses parens, etc. Vous jugez si mon cœur est la dupe de pareils prétextes : Mme. la duchesse de Portland, avec qui j'ai fait connoissance l'été dernier chez un voisin, m'a porté en même-temps le plus sensible coup, en me marquant que les nouvelles publiques l'avoient dit à l'extrémité, et me demandant de ses nouvelles; dans ma frayeur, je me suis hâté d'écrire à M. Rougemont pour savoir ce qu'il en étoit. Il m'a rassuré sur sa vie, en me marquant qu'en effet il avoit été fort mal, mais qu'il étoit beaucoup mieux. Qui me rassurera maintenant sur son cœur? Depuis le 22 novembre, date de sa dernière lettre, je lui ai écrit plusieurs fois, et sur quel ton! Point de réponse. Pour comble, je ne sais quelle contenance tenir vis-à-vis de Mme. de Portland, à qui je ne puis différer plus long-temps de répondre, et à qui je ne veux pas dire ma peine. Rendez-moi, je vous en conjure, le service essentiel d'écrire à milord M.... Engagez-le à ne pas me juger sans m'entendre, à me dire au moins de quoi je suis accusé. Voilà le plus cruel des malheurs de ma vie, et qui terminera tous les autres.

J'oubliois de vous dire que M. le duc de Grafton, premier commissaire de la trésorerie, ayant appris la vexation exercée à la douane, au sujet de mes livres, a fait ordonner au douanier de rembourser cet argent à Becket qui l'avoit payé pour moi, et que dans le billet par lequel il m'en a fait donner avis, il a ajouté un compliment très-honnête de la part du roi. Tout cela est fort honorable, mais ne console pas mon cœur de la peine secrète que vous savez. Je vous embrasse, mon cher hôte, de tout mon cœur.

A Wooton, le 22 mars 1767.

Apostille d'une lettre de M. L. Dutems, du 19, confirmée par une lettre de M. Davenport, de même date, en conséquence d'un message reçu la veille de M. le général Conway.

« Je viens d'apprendre de M. Davenport la nouvelle agréable que le roi vous avoit accordé une pension de 100 liv. sterl. La manière dont le roi vous donne cette marque de son estime m'a fait autant de plaisir que la chose même, et je vous félicite de tout mon cœur de ce que ce bienfait vous est conféré du plein gré de sa majesté et du secrétaire d'État, sans que la moindre sollicitation y ait eu part. »

Le plus vrai plaisir que me fasse cette nouvelle, est celui que je sais qu'elle fera à mes amis ; c'est pourquoi, mon cher hôte, je me presse de vous la communiquer. Faites-la, par la même raison, passer à mon ancien et respectable ami M. Roguin, et aussi, je vous en prie, à mon bon ami M. d'Ivernois. Je vous embrasse de tout mon cœur.

Comme dans peu j'irai, si je puis, à Londres, ne m'écrivez plus que sous mon propre nom, et si vous écrivez à M. d'Ivernois, donnez-lui le même avis.

A Wooton, le 2 avril 1767.

O mon cher et aimable hôte ! qu'avez-vous fait ? Vous êtes tombé dans le pot au noir bien cruellement pour moi. Votre n°. 42, que vous avez envoyé pour plus de sûreté par une autre voie, est précisément tombé à Londres entre les mains de mon cousin Jean Rousseau, qui demeure chez M. Colombies, à qui on l'a malheureusement adressé. Or, vous saurez que mon très-cher cousin est en secret l'ame damnée du bon David, alerte pour saisir et ouvrir toutes les lettres et paquets qui m'arrivent à Londres ; et la vôtre a été ouverte très-certainement, ce qui est d'autant plus aisé, que vous cachetez toujours très-mal, avec de mauvaise cire, et que vous en mettez trop peu; la cire noire ne cachette jamais bien. Votre lettre a très-certainement été ouverte.

Mon cher hôte, je suis de tous côtés sous le piège; il est impossible que je m'en tire si votre ami ne m'en tire pas, mais j'espère qu'il le fera; il n'y a certainement que lui qui le puisse, et il semble que la Providence l'a envoyé dans mon voisinage pour cette bonne œuvre. Il s'agit premièrement de sauver mes papiers, car on les guette avec une grande vigilance, et l'on espère bien qu'ils n'échapperont pas. Toutefois, s'il m'envoie l'exprès que je lui ai demandé avant que M. Davenport arrive, ils sont tous prêts, je les lui remettrai, et ils passeront entre les mains de votre ami, qui ne sauroit y veiller avec trop de soin, ni trop attendre une occasion sûre pour vous les faire passer; car rien ne presse, et l'essentiel est qu'ils soient en sûreté.

Reste à savoir si ma lettre à M. de C. est allée sûrement et en droiture. Les gens qui portent et rapportent mes lettres, ceux de la poste, tout m'est également suspect; je suis dans les mains de tout le monde, sans qu'il me soit possible de faire un seul mouvement pour me dégager. Vous me faites rire par le sang froid avec lequel vous me marquez : *adressez-vous à celui-ci ou à celui-là ;* c'est comme si vous me disiez : Adressez-vous à un habitant de la lune. S'adresser est un mot bientôt dit, mais il faut savoir comment; il n'y a que la face d'un ami qui puisse me tirer d'affaire, toutes les lettres ne font que me trahir et m'embourber. Celles que je reçois et que j'écris sont toutes vues par mes ennemis, ce n'est pas le moyen de me tirer de leurs mains.

Si le ciel veut que ma précédente lettre à M. de C. ait échappé à mes gardes, qu'il l'ait reçue, et qu'il envoie l'exprès, nous sommes forts, car j'ai mon second chiffre tout prêt ; je le ferai partir avec cette lettre-ci, et j'espère qu'il ne tombera plus dans les mains de M. Colombies, ni de mon cher cousin. S'il m'arrive de me servir du premier, ce sera pour donner le change, n'ajoutez aucune foi à ce que je vous marquerai de cette manière, à moins que vous ne lisiez en tête ce mot, écrit de ma main : *vrai*.

Je vous enverrai une note exacte des paquets que j'envoie à votre ami, et que j'aurai bien droit d'appeler le mien, s'il accomplit en ma faveur la bonne œuvre qu'il veut bien faire, et cette note sera assez détaillée pour que, si j'ai le bonheur de passer en terre ferme, vous puissiez indiquer les paquets dont nous aurons besoin.

Je ne puis vous écrire plus long-temps. Je donnerois la moitié de ma vie pour être en terre ferme, et l'autre pour pouvoir vous embrasser encore une fois, et puis mourir.

Il faut que je vous marque encore que ce n'est ni pour le *Contrat Social*, ni pour les *Lettres de la Montagne*, que le pauvre Guy a été mis à la Bastille ; c'est pour les *Mémoires de M. de la Chalotais*. Panckoucke est, je crois, de bonne foi ; mais n'écoutez aucune de ses nouvelles ; elles viennent toutes de mauvaise main.

Je tiens cette lettre et le chiffre tout prêts, mais viendra-t-on les chercher? Viendra-t-on me chercher moi-même? O destinée! ô mon ami! priez pour moi; il me semble que je n'ai pas mérité les malheurs qui m'accablent.

Le courrier n'arrivant point, j'ai le temps d'ajouter encore quelques mots. Que vous envoyiez vos lettres par la France ou par la Hollande, cela est bien indifférent à la chose ; c'est entre Londres et Wooton que le filet est tendu, et il est impossible que rien en échappe.

Pour être prêt au moment que l'homme arrivera, s'il arrive, je vais cacheter cette lettre avec le second chiffre. Le 6 avril, je fais partir par la poste une espèce de *duplicata* de cette lettre. Il sera intercepté, cela est sûr ; mais peut-être le laissera-t-on passer après l'avoir lu.

A Wooton, le 4 avril 1767.

Votre n°. 42, mon cher hôte, m'est parvenu, après avoir été ouvert, et ne pouvoit manquer de l'être par la voie que vous avez choisie, puisqu'il a été adressé par monsieur votre parent à M. Colombies de Londres, lequel a pour commis un mien cousin, l'ame damnée du bon David, et alerte pour intercepter et ouvrir tout ce qui m'est adressé du continent, presque sans exception.

Votre inutile précaution porte sur cette supposition bien fausse, que nos lettres sont ouvertes entre Londres et Neuchâtel ; et point du tout, c'est entre Londres et Wooton; et, comme de quelqu'adresse que vous vous serviez, il faut toujours qu'elles passent ici par d'autres mains avant d'arriver dans les miennes, il s'ensuit que, par quelque route qu'elles viennent, cela est très-indifférent pour la sûreté. Les précautions sont telles, qu'il est impossible qu'il en échappe aucune sans être ouverte, à moins qu'on ne le veuille bien. Ainsi, la poste me trahit et ne sauroit me servir. Il n'y a dans ma position que la vue d'un homme sûr qui puisse m'être utile. Présence ou rien.

Je fais des tentatives pour aller à Londres, je doute qu'elles me réussissent; d'ailleurs, ce voyage est très-hasardeux, à cause du dépôt qui est ici dans mes mains, qui vous appartient, et dont l'ardent desir de vous le faire passer en sûreté fait tout le tourment de ma vie. Le desir de s'emparer de ce dépôt à ma mort, et peut-être de mon vivant, est une des principales raisons pourquoi je suis si soigneusement surveillé. Or, tant que je suis ici, il est en sûreté dans ma chambre; je suis presque assuré qu'il lui arrivera malheur en route, sitôt que j'en serai éloigné. Voilà, mon cher hôte, ce qui fait que quand même je serois libre de me déplacer, je ne m'y exposerois qu'avec crainte, presqu'assuré de perdre mon dépôt dans le transport. Que de tentatives j'ai faites pour le mettre en sûreté ! Mais que puis-je faire, tant que personne ne vient à mon secours ? Quand vous m'écrivez tranquillement : *Adressez-vous à celui-ci ou à celui-là;* c'est comme si vous m'écriviez : Adressez-vous à un habitant de la lune. Mon cher hôte, libre et maître dans sa maison à Neuchâtel, parlant la langue, et entouré de gens de bonne volonté, juge de ma situation par la sienne. Il se trompe un peu.

J'ai travaillé un peu à ma besogne au milieu du tumulte et des orages dont j'étois entouré ; c'est mon travail, ce sont mes matériaux pour la suite, qui me tiennent en souci ; je souffre à penser qu'il faudra que tout cela périsse. Mais, si je ne suis secouru, je n'ai qu'un parti à prendre, et je le prendrai quand je me sentirai pressé, soit par la mort, soit par le danger ; c'est de brûler le tout, plutôt que de le laisser tomber entre les mains de mes ennemis. Vous voilà averti, mon cher hôte ; si vous trouvez que j'ai mieux à faire, apprenez-le moi, mais n'oubliez pas que vos lettres seront vues.

Je vous ai donné avis de la pension. Je vois

d'ici, sur cet avis, toutes les fausses idées que vous vous faites sur ma situation : votre erreur est excusable, mais elle est grande. Si vous saviez comment, par qui et pourquoi cette pension m'est venue, vous m'en féliciteriez moins. Vous me demanderez peut-être un jour pourquoi je ne l'ai pas refusée ; je crois que j'aurai de quoi bien répondre à cela.

Il importoit de vous donner, une fois pour toutes, les explications contenues dans cette lettre, que je suis pressé de finir. Je l'adresse à M. Rougemont, de Londres, en qui seul je puis prendre confiance ; si on la lui laisse arriver, elle vous arrivera. Mille remercîmens empressés et respects à la plus digne des mamans. Recevez ceux de Mlle. le Vasseur. Je vous embrasse, mon cher hôte, de tout mon cœur.

Vous devez comprendre pourquoi je ne vous parle pas ici de votre ami ; faites de même.

A Calais, le 22 mai 1767.

J'arrive ici transporté de joie, d'avoir la communication rouverte et sûre avec mon cher hôte, et de n'avoir plus l'espace des mers entre nous. Je pars demain pour *Amiens*, où j'attendrai de vos nouvelles sous le couvert de M. *Barthelemi Midy*, *négociant*. Je ne vous en dirai pas davantage aujourd'hui ; mais je n'ai pas voulu tarder à rompre, aussitôt qu'il m'étoit possible, le silence forcé que je garde avec vous depuis si long-temps.

Le 5 juin 1767.

Je n'ai pu, mon cher hôte, attendre, comme je l'avois compté, de vos nouvelles à Amiens. Les honneurs publics qu'on a voulu m'y rendre, et mon séjour en cette ville devenu trop bruyant par les empressemens des citoyens et des militaires, m'a forcé de m'en éloigner au bout de huit jours. Je suis maintenant chez le digne ami des hommes, où, après une si longue interruption, j'attends enfin quelques mots de vous. Mon intention est de ne rien épargner pour avoir, avec vous, une entrevue dont mon cœur a le plus grand besoin ; et, si vous pouvez venir jusqu'à Dijon, je partirai pour m'y rendre à la réception de votre réponse, pleurant d'attendrissement et de joie au seul espoir de vous embrasser. Je ne vous en dirai pas ici davantage. Écrivez-moi sous le couvert de *M. le marquis de Mirabeau, à Paris* ; votre lettre me parviendra. Je vous embrasse de tout mon cœur.

Le 10 juin 1767.

Je reçois, mon cher hôte, votre n°. 46; je n'ai point reçu les trois précédens. Je veux supposer, pour ma consolation, que la goutte n'est point venue, et que, selon vos arrangemens, vous arriverez aujourd'hui ou demain à Paris. Cela étant, allez, je vous supplie, au Luxembourg voir M. le marquis de Mirabeau ; vous saurez par lui de mes nouvelles. Il n'est prévenu de rien, parce que je ne l'ai pas vu depuis la réception de votre lettre ; mais il suffira de vous nommer. Ne sachant si cette lettre vous parviendra, je n'en dirai pas ici davantage. Je vous embrasse de tout mon cœur.

Si par hasard M. le marquis de Mirabeau n'étoit pas chez lui, demandez M. Garçon, son secrétaire.

Au château de Trye, le 21 juin 1767.

J'arrive heureusement, mon cher hôte, avec M. Coindet, qui vous rendra compte de l'état des choses. J'espère, les premiers embarras levés, pouvoir couler ici des jours assez tranquilles, sous la protection du grand prince qui me donne cet asile. Donnez-m'y souvent de vos nouvelles, cher ami; vous savez combien elles sont nécessaires à mon bonheur. Vous pouvez remettre vos lettres à M. Coindet, ou les faire mettre à la poste sous cette adresse : *à M. Manoury, lieutenant des chasses de M. le prince de Conti, pour remettre à M. Renou, au château de Trye, par Gisors.* Quand vous aurez quelque paquet à me faire tenir, il y a un carrosse de Gisors qui va à Paris tous les mercredis, et revient tous les samedis : mais je ne sais pas où en est le bureau à Paris; cela n'est pas difficile à trouver; il faut se servir par le carrosse de la même adresse. M. Coindet va partir, je suis très-pressé; je finis en vous embrassant de tout mon cœur.

Le 22 juillet 1767.

Je suis, mon cher hôte, dans les plus grandes alarmes de n'avoir aucune nouvelle de vous depuis votre départ. Si vous m'avez écrit, il faut que vos lettres se soient dévoyées, et je n'imagine que la goutte qui ait pu vous empêcher d'écrire. Cette idée me fait frémir, en pensant à ce que c'est que d'être pris de la goutte hors de chez soi, et peut-être même en route dans un cabaret. Ah! cher ami, si je le croyois bien, si je savois où, rien ne m'empêcheroit d'aller vous y joindre; votre silence me tient dans une angoisse d'autant plus cruelle, que, dans le doute, je mets toujours les choses au pis. De grâce, si ma lettre vous parvient, en quelque état que vous soyez, faites-moi écrire un mot; faites-le écrire à double, l'un où je suis, directement à mon adresse que vous savez, et l'autre à l'adresse de M. Coindet, que vous savez aussi. Il est étonnant que je ne sache ou que je ne me rappelle pas votre nom de baptême : cela me tient en quelqu'embarras pour vous distinguer, en écrivant à M. du Peyrou d'Amsterdam, à qui j'adresse cette lettre. Je n'ai pas le courage de vous parler de moi, jusqu'à ce que j'aie de vos nouvelles. Donnez-m'en, je vous conjure, le plutôt que vous pourrez. Adieu, mon cher hôte ; puisse la Providence vous conduire, et vous ramener heureusement !

―――――

Le 1er. août 1767.

Si, comme je l'espère, mon très-cher hôte, vous avez reçu ma lettre précédente, vous y aurez vu combien j'avois besoin de la vôtre du 20, pour me tranquilliser sur votre voyage. Grâce à Dieu ! vous voilà arrivé exempt de goutte ; et, quand même elle vous prendroit où vous êtes, ce qui, je me flatte, n'arrivera pas, j'en serois moins effrayé que de vous savoir arrêté en route dans une auberge, malheur que j'ai craint dans ces circonstances par-dessus tout. Si votre vie ambulante de cette année pouvoit, pour cette fois, vous exempter de la goutte, je ne désespérerois pas qu'avec vos précautions et la botanique, vous n'en fussiez peut-être délivré tout à fait. Ainsi soit-il.

Je ne vous dirai pas ce qui s'est passé ici depuis votre départ ; peut-être cela changera-t-il avant votre retour. Son altesse, qui malheureusement a fait un voyage, doit revenir dans peu de jours.

J'écris, comme vous le desirez, à Douvres; mais je tire un mauvais augure pour le sort des lettres de change, de ce que votre lettre ne vous a pas été renvoyée. Si vous m'eussiez consulté quand vous la fîtes partir, je vous aurois conseillé d'attendre une autre occasion. J'espère que vous aurez été plus heureux à retirer l'opéra.

Je suis encore incertain sur la meilleure voie pour avoir recours à vos banquiers, c'est-à-dire, sur le meilleur nom à prendre. Comme cela ne presse point du tout, nous aurons le temps d'en délibérer. S'il ne vous étoit pas incommode de vous charger vous-même du sémestre échu quand vous viendrez me voir, cela feroit que n'ayant rien à recevoir d'eux jusqu'à l'année prochaine, j'aurois tout le temps de penser aux meilleurs arrangemens pour cela. En attendant, il est à croire que l'affaire de la pension sera déterminée de manière ou d'autre; elle ne l'est pas jusqu'ici.

Je comprends que celle de vos affaires que vous avez terminée la première où vous êtes, est celle d'autrui, et je vous reconnois bien là.

Tâchez, cher ami, d'arranger si solidement les vôtres, que vous n'ayez pas souvent de pareils voyages à faire. Il vaut encore mieux s'aller promener au creux du vent par la pluie, qu'en Hollande par le beau temps.

Je n'ai ici ni carte, ni livres, ni instructions pour votre route; mais je suis très-sûr que vous pouvez venir ici en droiture sans avoir besoin de passer par Paris. Je crois que Beauvais n'est pas fort éloigné de votre route; il y en a une de Beauvais à Gisors, et la distance de ces deux villes n'est que de six lieues; les mêmes chevaux de poste les font, à ce qu'on m'a dit. Ce château est sur la même route, ou du moins très-près et seulement à demi-lieue de Gisors. Vous pouvez aisément vous arranger pour y venir mettre pied à terre, et vous enverrez votre voiture et vos gens à Gisors.

Je vous prie de dire pour moi mille choses à M. et à Mme. Rey. Voyez aussi, de grâce, ma petite filleule; embrassez-la de ma part. Je serois bien aise d'avoir à votre retour quelques détails sur la figure et le caractère de cette chère enfant; elle a cinq ans passés; on doit commencer d'y voir quelque chose.

J'attends de vos nouvelles avec la plus vive

impatience; instruisez-moi le plutôt que vous pourrez du temps de votre départ, et, s'il se peut, de celui de votre arrivée. Cette idée me fait d'avance tressaillir de joie. Ma sœur vous baise les mains, et partage mon empressement. Adieu, mon cher hôte, je vous embrasse de tout mon cœur.

Ne pourriez-vous point trouver où vous êtes *l'Agrostographia*, ou *Traité des Gramens* de Scheuzer? Il est impossible de l'avoir à Paris. Si vous pouviez aussi trouver la *Méthode de Ludwig*, ou quelqu'autre bon livre de botanique, vous me feriez grand plaisir. Les miens sont en Angleterre avec mes guenilles, et l'on ne se presse pas de me les renvoyer.

Le 8 septembre 1767.

J'ai reçu avant-hier au soir votre lettre du 3; malgré l'oubli, elle avoit été décachetée; mais l'enveloppe à milord M...., qu'il a eu l'imprudence de me laisser, ne l'avoit point été. Que cela vous serve de règle quand vous m'écrirez. Je prendrai le parti de porter moi-même cette lettre à la poste; mais, comme cela sera remarqué, et qu'on y pourvoira pour la suite, je n'y reviendrai pas, et je vous dirai tout dans celle-ci.

Que j'ai craint cette cruelle goutte, cruelle pour l'un et pour l'autre, pour moi sur-tout à divers égards! J'espère encore que cette atteinte n'aura pas de suite, et ne vous empêchera pas de me venir voir. Mon excellent et cher hôte, ce sera la dernière fois que nous nous verrons; j'en ai le pressentiment trop bien fondé. Puisse ce dernier des heureux momens de ma vie, achever de vous dévoiler le cœur de votre ami! Coindet fera tous ses efforts pour venir avec vous; évitez ce cortège; après ce que je sais, il empoisonneroit mes plaisirs. J'étois sûr que, puisque vous jugiez à propos de le consulter sur votre route, il feroit ensorte de vous dégoûter de venir ici directement. Il vous aura embarrassé de traverses inutiles et de fausses difficultés des maîtres de poste. Gardez sa lettre, et montrez cet article à gens instruists, vous verrez ce qu'ils vous diront.

Mon cher hôte, vous m'avez perdu sans le vouloir, sans le savoir, et bien innocemment, mais sans ressource. Le concours fortuit de mon voyage ici et du vôtre en Hollande, a passé chez mes persécuteurs pour une affaire arrangée entre nous. On vous a cru chargé d'une négociation avec Rey. Le papier que vous avez adressé pour moi à Coindet par son canal, les a encore effarouchés ; leur conscience agitée alarme leurs têtes, et leur persuade toujours que j'écris. Connoissant si peu le charme d'une vie oisive, solitaire et simple, ils ne peuvent croire que c'est tout de bon que j'herborise, que ces papiers et ces petits livres étoient destinés à coller et dessiner des plantes sur le transparent ; et j'ai vu clairement que Coindet, à qui j'ai parlé de cet emploi que j'en voulois faire, n'en a rien cru. Tous ses propos, toutes ses manœuvres m'ont dit tout ce qui se passoit dans son ame et qu'il croyoit bien caché ; et ce Coindet, qui se croit si fin, n'est qu'un fat. Fiez-vous encore moins qu'à lui à la dame à qui il vous a présenté, et dont il est, envers moi, l'ame damnée. Elle m'a trompé six ans ; il y en a deux qu'elle ne me trompe plus, et j'avois tout à fait rompu avec elle. M. le P. de C. qui ne sait rien de tout cela, et poussé par quelqu'un qui, pour mieux cacher son jeu, montre avoir peu de liaison avec elle, m'a remis, pour ainsi dire, entre ses mains, comme en celles d'une amie, et elle fait usage de ce moyen pour m'achever. De mon côté, profitant enfin de vos avis, je feins de ne rien voir; en m'étouffant le cœur, je leur rends caresses pour caresses. Ils dissimulent pour me perdre, et je dissimule pour me sauver; mais, comme je n'y gagne rien, je sens que je ne saurois dissimuler encore long-temps; il faut tôt ou tard que l'orage crève. Tout ceci vous surprend trop pour pouvoir le croire. Vous vous rappelez le voyage auprès de moi, l'argent offert, le passeport; et, ne devinant pas à quoi tout cela étoit destiné, votre honnête cœur demeure incrédule; soit: je ne demande pas à vous persuader, quant à présent; mais je demande que vous suspendiez les actes de votre confiance en elle pour ce qui me regarde, en attendant que vous sachiez si j'ai tort ou raison.

Je crois que M. le P. de C. et Mme. de Lux. me voyant menacé de bien des dangers, ont voulu sincèrement m'en mettre à couvert, en s'assurant, à la vérité, de moi, par des entours qui n'ont pas paru suffisans aux deux dames pour rassurer leur ami. On a donc suscité contre moi toute la maison du prince, les prêtres, les paysans, tout le pays. On n'a pas douté, connoissant la fierté de mon caractère, que je ne me dérobasse à l'opprobre avec promptitude et indignation. C'est ce que j'ai cent fois voulu faire, et que j'aurois fait à la fin peut-être, si ma pauvre sœur, la raison et une rechûte de ma maladie n'étoient venues à mon secours. Mme. de V., qui ne m'a vu venir qu'à regret, n'a pu déguiser assez, ni Coindet non plus, leur extrême desir de m'en voir sortir. Cet empressement si peu naturel à des amis dans ma position, m'a fait ouvrir les yeux, et m'a rendu patient et sage. Ma sœur, le seul véritable ami qu'avec vous j'aie dans le monde, et qu'à cause de cela mes ennemis ont en haine, me disoit sans cesse, quoiqu'elle portât la plus grande et plus sensible part des outrages : *Attendez, souffrez, et prenez patience ; le Pr. ne vous abandonnera pas. Voulez-vous donner à vos ennemis l'avantage qu'ils demandent, de crier que vous ne pouvez durer nulle part.* Les sages discours de cette pauvre fille étoient renforcés par la raison. Où aller ? Où me réfugier ? Où trouver un plus sûr abri contre mes ennemis ? Où ne m'atteindront-ils pas, s'ils m'atteignent ici même ? Où aller aux approches de l'hiver, et sentant déjà les atteintes de mon mal? Une dernière réflexion m'a décidé à tout souffrir, et à rester, quoi qu'on fasse. Si l'on ne vouloit que s'assurer de moi, c'est ici qu'il me faudroit laisser; car j'y suis à leur merci, pieds et poings liés; mais on veut absolument m'attirer à Paris; pourquoi ? Je vous le laisse à deviner. La partie sans doute est liée: on veut ma perte, on veut ma vie, pour se délivrer de ma garde une fois pour toutes. Il est impossible de donner à ce qui se passe une autre explication. Ainsi, rien ne pourra me tirer d'ici que la force ouverte. Outrages, ignominie, mauvais traitemens, j'endurerai tout, et je me suis déterminé d'y périr. Mon Dieu! si le public étoit instruit de ce qui se passe, quelle indignation pour les Français, qu'on les fît les satellites des Anglais pour assouvir la rage d'un Écossais, et qu'on les forçât de me punir eux-mêmes d'avoir cherché chez eux un asile contre la barbarie de leurs ennemis naturels !

Voilà des explications qu'il falloit absolument vous donner, pour régler votre conduite à mon égard au milieu de mes ennemis qui vous trompent, et pour vous éclairer sur les vrais services que votre amitié peut me rendre dans l'occasion. J'espère que vous pourrez venir,

Vous devez sentir combien mon cœur a besoin de cette consolation ; si je la perds, que j'aie au moins celle de voir votre ami, M. Deluze. S'il vous porte mes derniers embrassemens, je me console et me résigne. Mais lequel des deux qui vienne, qu'il tâche sur-tout de venir seul. J'ai demandé permission à M. le Pr. de C. de vous recevoir dans son château. Je n'ai point de réponse encore ; si vous arrivez avant elle, il convient de loger à Gisors ; il n'y a que demi-lieue d'ici, et nous pourrons également passer les journées ensemble. Si je puis vous recevoir au château, votre laquais sera logé près de vous, et nous ferons ensorte qu'il ne meure pas de faim. Je vous embrasse dans les plus tendres élans d'un cœur brisé d'affliction, mais tout plein de vous.

Marquez-moi la réception de cette lettre bien exactement et promptement ; mais n'entrez dans aucun des articles qu'elle contient. Présence ou rien ; souvenez-vous de cela. Ah! cette funeste goutte! Cher ami, quelque douloureuse qu'elle puisse être, elle vous fera moins de mal qu'à moi. Quand vous viendrez, vous ou M. Deluze, ne me prévenez point du jour dans vos lettres ; venez sans avertir, c'est le plus sûr.

Le 9 septembre 1767.

Aujourd'hui, mon cher hôte, j'écris à M. de Sartines et à Guy pour arrêter la publication du Dictionnaire jusqu'à ce qu'il ait été soumis de rechef à la censure. Vous pouvez comprendre que j'ai des raisons graves pour prendre cette précaution. Si cette cruelle goutte vous laisse en état d'aller, voyez Guy sur le champ, je vous en supplie; sachez s'il a reçu ma lettre, et s'il se met en devoir d'en exécuter le contenu. Faites-moi passer sa réponse, et répondez-moi vous-même aussitôt que vous pourrez. Vous devez comprendre que je ne serai pas à mon aise jusqu'au moment où je recevrai des nouvelles de cette affaire. Si mon malheur veut que la goutte vous retienne, priez M. Deluze de vouloir bien se charger de ma commission, car elle ne souffre aucun retard. Donnez-moi de vos nouvelles, aimez et plaignez votre ami; c'est tout ce que j'ai la force de vous dire. Adieu.

Le 12 septembre 1767.

Vous me consolez beaucoup, mon cher hôte, par votre lettre du 9; car j'en avois reçu une auparavant de M. Coindet, qui m'avoit appris vos vives souffrances, et même j'en ai reçu de lui une autre du 10, qui ne me permet de me livrer qu'avec crainte à l'espoir que vous me donniez la veille, puisqu'il me marque que vous êtes toujours le même. Ne me trompez pas, mon très-aimable hôte, sur votre état, quel qu'il soit; car l'incertitude et le doute me tuent, et me font toujours les maux pires qu'ils ne sont. Quand vous serez en convalescence, donnez-vous tout le temps de vous bien rétablir où vous êtes, et quand vos forces seront suffisamment revenues pour aller à la campagne, venez ici passer une quinzaine de jours. Vous y trouverez un bon air, un beau pays, un logement au château, une terre bien garnie de gibier, et la permission de chasser autant que cela vous amusera. J'espère que ce voyage, après lequel je soupire avec passion, sera salutaire à l'un et à l'autre, et effacera jusqu'aux dernières traces des maux de votre corps et de mon cœur. Du reste, ne vous pressez point; rien ne périclite, et retardez plutôt de quelques jours pour pouvoir m'en donner davantage, que de vous exposer avant le parfait rétablissement. Vous pouvez m'avertir quelques jours d'avance, afin qu'on prépare votre chambre; ou, si vous venez sans être attendu, que ce soit d'aussi bonne heure qu'il se pourra. Je vous embrasse de tout mon cœur.

Je ne vois point d'inconvénient de me prévenir du jour où vous arriverez.

***

Le 18 septembre 1767.

Je vous écrivis hier, mon cher hôte, en même temps qu'à M. Deluze, et j'ai tellement égaré ma lettre, qu'il m'est impossible de la retrouver; je ne sais pas même quand celle-ci pourra partir, n'étant pas en état aujourd'hui de la porter moi-même à Gisors, et trouvant très-difficilement des exprès pour y envoyer. En vous marquant la joie que m'avoit causé la vue de votre écriture, je vous grondois de vous être fatigué à écrire trois pages. Trois lignes dans votre état suffisent pour me tranquilliser; et non-seulement vous devez garder le lit jusqu'à ce que vous soyez bien délivré, mais ménager votre attention et vos forces, pour vous mettre en état de venir ici plutôt achever de vous rétablir. Par le cours que prend votre goutte, il me semble qu'elle veuille se transformer en sciatique. Ordinairement les douleurs de celle-ci sont moindres, et je sais par l'exemple de mon défunt ami Gauffecourt, qui s'en étoit guéri, qu'on s'en débarrasse plus aisément.

Vous me donnez d'excellentes nouvelles qui me font grand plaisir. Je suis bien aise que vous ayez en main toutes les pièces sur lesquelles vous pourrez juger à loisir si je suis timbré ou non; mais il est très-vrai que je n'avois pas compté que le tout vous revînt si facilement.

Je ne me sens pas bien depuis quelque temps, et je crains de payer le long relâche dont j'ai joui. M. Hume a dit par-tout que M. Deluze lui avoit assuré que je n'avois point de maladies. Le frère Côme, ni Morand, ni Malouin, etc., ne sont sûrement pas là-dessus de l'avis de M. Deluze, et malheureusement, en ce moment sur-tout, j'en suis encore moins. Si les peines de l'ame remédioient aux maux du corps, je devrois me porter à merveille. Mais du courage et un ami sont un grand remède aux premières, au lieu qu'il n'y a de remède aux dernières que la patience et la mort. J'apprends que Robert, peu content de George, n'est pas non plus fort à son aise. Il faut espérer qu'enfin tout changera ou finira.

Bonjour, mon cher hôte, donnez-moi de vos nouvelles; mais si vous écrivez vous-même, quatre lignes suffisent. Entre nous, les mots d'amitié n'ont plus besoin de se dire. Deux mots sur les affaires, et quatre sur la santé. Voilà tout.

J'envoie cette lettre aujourd'hui, ainsi elle doit vous arriver demain.

Le 21 septembre 1767.

Pas un mot de vous, mon très-cher hôte, depuis plus de huit jours! Que ce silence m'inquiète! Seroit-ce une rechûte? M. Deluze n'auroit-il pas eu du moins la charité de m'écrire un mot? Quelque lettre seroit-elle égarée? J'ai écrit à M. Deluze dans la semaine; je vous avois écrit le même jour. Je perdis ma lettre; je vous écrivis le lendemain. Mon Dieu! être si proche, vous savoir malade, et ne point apprendre de vos nouvelles! Que sera-ce donc quand nous serons éloignés? Si de quelques jours je n'apprends rien de vous, je prendrai le parti d'envoyer un exprès à Paris, si j'en trouve, car c'est encore une autre difficulté. Que je suis à plaindre !

M. le Pr. de C. qui devoit venir ici la semaine dernière, n'est point venu. Il a pris la peine de m'écrire pour me marquer la cause de son retard, et m'annoncer son voyage pour la semaine prochaine. J'aurois passionnément desiré que vos forces vous eussent permis de venir ici pour le même temps, afin d'avoir le plaisir de vous présenter à lui. Cependant, comme il est très-dangereux de se déplacer après une pareille attaque, avant le plus parfait rétablissement, gardez-vous d'anticiper sur votre convalescence ; mais, mon ami, donnez-moi de vos nouvelles, ou je ne sais ce que je ferai.

Le 27 septembre 1767.

Vous pouvez, mon cher hôte, juger du plaisir que m'a fait votre dernière lettre par l'inquiétude que vous avez trouvée dans ma précédente, et que vous blâmez avec raison. Mais considérez qu'après tant de longues agitations si propres à troubler ma tête, au lieu du repos dont j'avois besoin pour la raffermir, je me trouve ici submergé dans des mers d'indignités et d'iniquités, au moment même où tout paroissoit concourir à rendre ma retraite honorable et paisible. Cher ami, si, avec un cœur malheureusement trop sensible, et si cruellement et si continuellement navré, il reste dans ma tête encore quelques fibres saines, il faut que naturellement le tout ne fût pas trop mal conformé. Le seul remède efficace encore, et dont j'ose espérer tout, est le cœur d'un ami pressé sur le mien. Venez donc, je n'ai que vous seul, vous le savez, c'est bien assez ; je n'en regrette qu'un ; je n'en veux plus d'autre ; vous serez désormais tout le genre humain pour moi. Venez verser sur mes blessures enflammées le baume de l'amitié et de la raison. L'attente de cet élexir salutaire en anticipe déjà l'effet.

Ce que vous me marquez de Neuchâtel n'est pas un spécifique bon pour mon état ; je crois que vous le sentez suffisamment ; et malheureusement mes devoirs sont toujours si cruels, ma position est toujours si dure, que j'ose à peine livrer mon cœur à ses vœux secrets, entre le prince qui m'a donné asile, et les peuples qui m'ont persécuté.

M. le Pr. de C. n'est point encore venu, j'ignore quand il viendra ; on l'attendoit hier ; je ne sais ce qu'il fera, mais je lis dans la contenance des complotteurs, qu'ils craignent peu son arrivée, que leur partie est bien liée, et qu'ils sont sûrs, malgré leur maître, de parvenir à me chasser d'ici. Nous verrons ce qu'il en sera ; je crois que c'est le cas de faire pouf. Ils ne s'y attendent pas.

Le parti que vous prenez de ne pas sortir du lit que parfaitement rétabli, est très-sage ; mais il ne faut pas sauter trop brusquement de vos rideaux dans la rue, cela seroit dangereux. Faites mettre des nattes dans votre chambre, au défaut de tapis de pied. Donnez-vous tout le temps de vous bien rétablir avant de songer à venir, et en attendant, arrangez tellement vos affaires, que vous n'ayez à partir d'ici que quand vous y ennuyerez. Faites ensorte de vous laisser maître de tout votre temps ; je ne puis trop vous recommander cette précaution : j'aime mieux vous avoir plus tard et vous garder plus long-temps. Enfin, je vous conjure de rechef avec instance, de pourvoir si bien d'avance à toute chose, que rien ne puisse vous faire partir d'ici que votre volonté.

Nous avons ici des échecs, ainsi n'en apportez pas; mais, si vous voulez apporter quelques volans, vous ferez bien, car les miens sont gâtés et ne valent rien. Je suis bien aise que vous vous renforciez assez aux échecs pour me donner du plaisir à vous battre : voilà tout ce que vous pouvez espérer ; car, à moins que vous ne receviez avantage, mon pauvre ami, vous serez battu, et toujours battu. Je me souviens qu'ayant l'honneur de jouer, il y a six ou sept ans, avec M. le prince de Conti, je lui gagnai trois parties de suite, tandis que tout son cortège me faisoit des grimaces de possédés. En quittant le jeu, je lui dis gravement : « Monseigneur, je respecte trop votre altesse pour ne pas toujours gagner. » Mon ami, vous serez battu et bien battu; je ne serois pas même fâché que cela vous dégoûtât des échecs ; car je n'aime pas que vous preniez du goût pour des amusemens si fatigans et si sédentaires.

A propos de cela, parlons de votre régime ; il est bon pour un convalescent, mais très-mauvais à prendre à votre âge, pour quelqu'un qui doit agir et marcher beaucoup ; ce régime vous affoiblira et vous ôtera le goût de l'exercice.

Ne vous jetez pas comme cela, je vous conjure, dans les extrêmes septématiques, ce n'est pas ainsi que la nature se mène. Croyez-moi, prenez-moi pour le médecin de votre corps, comme je vous prends pour le médecin de mon ame : nous nous en trouverons bien tous deux. Je vous préviens même qu'il me seroit impossible de vous tenir ici aux légumes, attendu qu'il y a ici un grand potager d'où je ne saurois avoir un poil d'herbes, parce que son altesse a ordonné à son jardinier de me fournir de tout. Voilà, mon ami, comment les princes, si puissans et si craints où ils ne sont pas, sont obéis et craints dans leur maison. Vous aurez ici d'excellent bœuf, d'excellent potage, d'excellent gibier. Vous mangerez peu ; je me charge de votre régime, et je vous promets qu'en partant d'ici, vous serez gras comme un moine et sain comme une bête ; car, ce n'est pas votre estomac, mais votre cervelle, que je veux mettre au régime frugivore. Je vous ferai brouter avec moi de mon foin. Ainsi soit-il. Bonjour.

Mille choses de ma part à M. Deluze. Hélas! avec qui nous nous sommes vus! Dans quel moment nous nous sommes quittés! Ne nous reverrons-nous point?

Ce lundi 5 octobre 1767.

Je vous écris, mon cher hôte, un mot très à la hâte, pour vous proposer si, avant de venir ici, vous ne pourriez point aller voir Robert, sans le prévenir de votre visite, afin que nous en ayons des nouvelles sûres. Du reste, rien ne me paroît pressé, ni pour lui, ni pour moi : donnez-vous tout le temps de reprendre vos forces et de vous accoutumer à l'air. Je ne puis vous dire à quel point la brièveté du temps que vous pouvez me donner m'afflige ; je vous conjure, au moins, de prendre toutes les mesures possibles pour pouvoir le prolonger autant qu'il dépendra de vous. Mon cher hôte, je suis peut-être appelé au malheur de vieillir, mais tout me dit que le jour où vous me quitterez sera le dernier où j'aurai souhaité de vivre.

Je vous envoie une liste que j'avois faite de livres de botanique que je voulois acquérir à loisir ; comme elle est considérable, et que les livres sont chers, je souhaiterois seulement d'acquérir, s'il étoit possible, un ou deux des quatre ou cinq premiers. Si, dans quelqu'une de vos courses vous pouviez, à l'aide de Panckoucke, recouvrer sur-tout le premier, vous me feriez un très-grand plaisir. Il n'y a presque point de livres de botanique chez les libraires de Paris, et l'on y est très-barbare sur cet article; cependant, je crois que Didot le jeune ou Cavelier en ont quelques-uns. Sans vouloir compter avec vous à la rigueur, ce qui me seroit bien impossible, je vous prie pourtant de tenir toujours note exacte de vos déboursés pour moi, afin de me laisser la liberté de vous donner les commissions. Je vous embrasse.

Le 9 octobre 1767.

Je vous écris un mot à la hâte, pour vous dire que le patron de la case est venu ici mardi seul, et n'a point chassé ; de sorte que j'ai profité de tous les momens que ce grand prince, ou pour plus dire, que ce digne homme a passés ici ; il me les a donnés tous : vous connoissez mon cœur, jugez comment j'ai senti cette grâce. Hélas ! que ne peut-il voir le mal et en couper la source ! Mais il ne me reste qu'à me résigner, et c'est ce que je fais, aussi pleinement qu'il se peut.

Cher hôte, venez; nous aurons des légumes, non pas de son jardin, car il n'en est pas le maître; mais un bon homme, qu'on trompoit, s'est détaché de la ligue, et je compte m'arranger avec lui pour mes fournitures, que je n'ai pu faire jusqu'ici, ni sans payer, ni en payant. Mardi, soupant avec son altesse, je mangeai du fruit pour la seule fois depuis deux mois, je le lui dis tout bonnement; le lendemain il m'envoya le bassin qu'on lui avoit servi la veille, et qui me fit grand plaisir. Car, il faut vous dire que je suis ici environné de jardins et d'arbres, comme Tantale au milieu des eaux. Mon état, à tous égards, ne peut se représenter; mais venez, il changera, du moins tandis que vous serez avec moi.

Votre précaution d'aller par degrés est excellente; continuez de même, et ne vous pressez point. Mais je vous conjure de si bien faire, que vous vous pressiez encore moins de partir d'ici quand vous y serez. Vous faites très-bien de porter à vos pieds vos nattes et vos tapis de pied. La façon dont vous me proposez cette terrible énigme, m'a fait mourir de rire; je suis l'OEdipe qui fera l'effort de la deviner : c'est que vous avez des pantouffles de laine garnies de paille.

Si vos attaques d'échecs sont de la force de vos énigmes, je n'ai qu'à me bien tenir. Bonjour.

Les oreilles ont dû vous tinter pendant que son altesse étoit ici. Bonjour de rechef : je ne croyois écrire qu'un mot, et je ne saurois finir.

Le 17 octobre 1767.

J'ai, mon cher hôte, votre lettre du 13, et j'y vois avec la plus grande joie, que vos forces, revenues graduellement, et par là plus solidement, vous mettent en état de faire à Paris le grand garçon ; mais je voudrois bien que vous n'y fissiez pas trop l'homme, et que vous vinssiez ici affermir votre virilité, de peur d'être tenté de l'exercer où vous êtes. Vous me paroissez en train d'abuser un peu de la permission que je vous ai donnée d'y prolonger votre séjour. Écoutez, j'ai bien mesuré cette permission sur les besoins de votre santé, mais non pas sur ceux de vos plaisirs, et je ne me sens pas assez désintéressé sur ce point, pour consentir que vous vous amusiez à mes dépens. Ne venez pas, après vous être solacié à Paris tout à votre aise, me dire ici que vous êtes pressé de partir, que vos affaires vous talonnent, etc. ; je vous avertis qu'un tel langage ne prendroit pas du tout, que sur ce point je n'entendrois pas raillerie, et que j'ai tout au moins le droit d'exiger que vous ne soyez pas plus pressé de partir d'ici que vous ne l'avez été d'y venir. Pensez à cela très-sérieusement, je vous prie, et faites surtout les choses d'assez bonne grâce, pour mériter que je vous pardonne les huit jours dont vous avez eu le front de me parler. Au premier moment où vous vous déplairez ici, partez-en, rien n'est plus juste ; mais arrangez-vous de telle sorte, qu'il n'y ait que l'ennui qui vous en puisse chasser. J'ai dit.

Je ne suis pas absolument fâché des petits tracas qu'a pu vous donner la recherche des livres de botanique. Promenades, diversions, distractions, sont choses bonnes pour la convalescence; mais il ne faut pas vous inquiéter du peu de succès de vos recherches; j'en étois déjà presque sûr d'avance, et c'étoit en prévoyant qu'on trouveroit peu de livres de botanique à Paris, que j'en notois un grand nombre, pour mettre au hasard la rencontre de quelqu'un. Il est étonnant à quel point de crasse ignorance et de barbarie on reste en

France sur cette belle et ravissante étude, que l'illustre Linnœus a mise à la mode dans tout le reste de l'Europe. Tandis qu'en Allemagne et en Angleterre les princes et les grands font leurs délices de l'étude des plantes, on la regarde encore ici comme une étude d'apothicaire; et vous ne sauriez croire quel profond mépris on a conçu pour moi dans ce pays, en me voyant herboriser. Ce superbe tapis dont la terre est couverte, ne montre à leurs yeux que lavemens et qu'emplâtres, et ils croient que je passe ma vie à faire des purgations. Quelle surprise pour eux, s'ils avoient vu Mme. la duchesse de Portland, dont j'ai l'honneur d'être l'herboriste, grimper sur des rochers où j'avois peine à la suivre, pour aller chercher le *chamœdris-frutescens* et la *saxifraga-alpina!* Or, pour revenir, il n'y a donc rien de surprenant que vous ne trouviez pas à Paris des livres de plantes, et je prendrai le parti de faire venir d'ailleurs ceux dont j'aurai besoin.

Voilà l'heure de la poste qui me presse, le domestique attend et m'importune; il faut finir en vous embrassant.

Le 6 janvier 1768.

J'étois, mon cher hôte, dans un tel souci sur votre voyage, que tant pour retirer le paquet ci-joint, que je savois être au bureau, que dans l'attente de votre lettre, la poste étant arrivée hier plus tard qu'à l'ordinaire, j'envoyai trois fois de suite à Gisors. Enfin, je la reçois, cette lettre si impatiemment attendue, et après l'avoir déchirée pour l'ouvrir plus vîte, au lieu du détail que j'y cherchois, j'y vois pour début celui du départ de mes lettres. Mon Dieu! qu'en le lisant vous me paroissiez haïssable! Ma foi, si c'est là de la politesse, je la donne au diable de bien bon cœur.

Enfin, vous voilà heureusement arrivé, malgré ce premier accident, dont l'histoire m'eût fait trembler, si votre lettre n'eût été datée de Paris. Convenez qu'en ce moment-là vous dûtes sentir qu'il n'est pas inutile à un convalescent d'avoir avec soi un ami en route, et qu'au fond du cœur vous m'avez su gré de ma tricherie; voilà les seules que je sais faire, mais je ne m'en corrigerai pas.

Le 10 février 1768.

Votre n°. 5, mon cher hôte, me donne le plaisir, impatiemment attendu, d'apprendre votre heureuse arrivée, dont je félicite bien sincèrement l'excellente maman et tous vos amis. Vous aviez tort, ce me semble, d'être inquiet de mon silence ; pour un homme qui n'aime pas à écrire, j'étois assurément bien en règle avec vous, qui l'aimez. Votre dernière lettre étoit une réponse ; je la reçus le dimanche au soir ; elle m'annonçoit votre départ pour le mardi matin, auquel cas il étoit de toute impossibilité qu'une lettre que je vous aurois écrite à Paris, vous y pût trouver encore ; et il étoit naturel que j'attendisse pour vous écrire à Neuchâtel, de vous y savoir arrivé, la neige ou d'autres accidens dans cette saison pouvant vous arrêter en route. Ma santé, du reste, est à peu près comme quand vous m'avez quitté ; je garde mes tisons, l'indolence et l'abattement me gagnent ; je ne suis sorti que trois fois depuis votre départ, et je suis rentré presqu'aussitôt ; je n'ai plus de cœur à rien, pas même aux plantes. Manoury, plus noir de cœur que de barbe, abusant de l'éloignement et des distractions de son maître, ne cesse de me tourmenter, et veut absolument m'expulser d'ici : tout cela ne rend pas ma vie agréable ; et, quand elle cesseroit d'être orageuse, n'y voyant plus même un seul objet de desir pour mon cœur, j'en trouverois toujours le reste insipide.

Mlle. Renou, qui n'attendoit pas moins impatiemment que moi des nouvelles de votre arrivée, l'a apprise avec la plus grande joie, que votre bon souvenir augmente encore. Pas un de nos déjeûnés ne se passe sans parler de vous, et j'en ai un renseignement mémorial toujours présent, dans le pot de chambre qui vous servoit de tasse, et dont j'ai pris la liberté d'hériter.

J'ai reçu votre vin, dont je vous remercie, mais que vous avez eu tort d'envoyer. Il est agréable à boire ; mais pour naturel, je n'en crois rien : quoi qu'il en soit, il arrivera de cette affaire comme de beaucoup d'autres, que l'un fait la faute, et l'autre la boit.

Rendez, je vous prie, mes salutations et amitiés à tous vos bons amis et les miens, sur-tout à votre aimable camarade de voyage, à qui je serai toujours obligé. Mes respects en particulier à la reine des mères, qui est la vôtre, et aussi à la reine des femmes, qui est Mme. Deluze. Je suis bien fâché de n'avoir pas un lacet à envoyer à sa charmante fille, bien sûr qu'elle méritera de le porter.

Il faut finir, car la bonne Mme. Chevalier est pressée et attend ma lettre. Je prends l'unique expédient que j'ai de vous écrire d'ici en droiture, en vous adressant ma lettre chez M. Junet. Adieu, mon cher hôte, je vous embrasse, et vous recommande sur toute chose l'amusement et la gaîté. Vous me direz : *médecin, guéris-toi toi-même ;* mais les drogues pour cela me manquent, au lieu que vous les avez.

J'ai tant lanterné, que la bonne dame est partie, et ma lettre n'ira que demain peut-être, ou du moins ne marchera pas aussi sûrement.

Le 3 mars 1768.

Votre n°. 6, mon cher hôte, m'afflige, en m'apprenant que vous avez un nouveau ressentiment de goutte assez fort pour vous empêcher de sortir. Je crois bien que ces petits accès plus fréquens, vous garantiront de grandes attaques; mais, comme l'un de ces deux états est aussi incommode que l'autre est douloureux, je ne sais si vous vous accommoderiez d'avoir ainsi changé vos grandes douleurs en petite monnoie; mais il est à présumer que ce n'est qu'une queue de cette goutte effarouchée, et que tout reprendra dans peu son cours naturel. Apprenez donc, une fois pour toutes, à ne vouloir pas guérir malgré la nature; car c'est le moyen presqu'assuré d'augmenter vos maux.

A mon égard, les conseils que vous me donnez sont plus aisés à donner qu'à suivre. Les herborisations et les promenades seroient en effet de douces diversions à mes ennuis, si elles m'étoient laissées; mais les gens qui disposent de moi n'ont garde de me laisser cette ressource. Le projet dont MM. Manoury et Deschamps sont les exécuteurs, demande qu'il ne m'en reste aucune; comme on m'attend au passage, on n'épargne rien pour me chasser d'ici, et il paroît que l'on veut réussir dans peu, de manière ou d'autre; un des meilleurs moyens que l'on prend pour cela est de lâcher sur moi la populace des villages voisins. On n'ose plus mettre personne au cachot, et dire que c'est moi qui le veut ainsi; mais on a fermé, barré, barricadé le château de tous les côtés. Il n'y a plus ni passage, ni communication par les cours ni par la terrasse ; et, quoique cette clôture me soit très-incommode à moi-même, on a soin de répandre par les gardes et par d'autres émissaires, que c'est le Monsieur du château qui exige tout cela pour faire pièce aux paysans. J'ai senti l'effet de ce bruit dans deux sorties que j'ai faites, et cela ne m'excitera pas à les multiplier ; j'ai prié le fermier de me faire faire une clef de son jardin, qui est assez grand, et ma résolution est de borner ma promenade à ce jardin et au petit jardin du prince, qui, comme vous savez, est grand comme la main et enfoncé comme un puits. Voilà, mon cher hôte, comment, au cœur du royaume de France, les mains étrangères s'appesantissent encore sur moi. A l'égard du patron de la case, on l'empêche de rien savoir de ce qui se passe et de s'en mêler ; je suis livré seul et sans ressource à ma constance et à mes persécuteurs. J'espère encore leur faire voir que la besogne qu'ils ont entreprise n'est pas si facile à exécuter qu'ils l'ont cru. Voilà bien du verbiage pour deux mots de réponse qu'il vous falloit sur cet article ; mais j'eus toujours le cœur expansif ; je ne serai jamais bien corrigé de cela, et votre devise ne sera jamais la mienne.

J'ai découvert avec une peine infinie les noms de botanique de plusieurs plantes de Gersaut ; j'ai aussi réduit avec non moins de peine les phrases de Sauvage, à la nomenclature triviale de Linnœus, qui est très-commode. Si le plaisir d'avoir un jardin vous rend un peu de goût pour la botanique, je pourrai vous épargner beaucoup de travail pour la synonymie, en vous envoyant pour vos exemplaires ce que j'ai noté dans les miens, et il est absolument nécessaire de débrouiller cette partie critique de la botanique, pour reconnoître la même plante, à qui souvent chaque auteur donne un nom différent.

Je ne vous parle point de vos affaires publiques, non que je cesse jamais d'y prendre intérêt ; mais parce que cet intérêt, borné par ses effets à des vœux aussi vrais qu'impuissans de voir bientôt rétablir la paix dans toutes vos contrées, ne peut contribuer en rien à l'accélérer.

Adieu, mon cher hôte ; mes hommages à la meilleure des mères : mille choses au bon M. Jeannin, à tous ceux qui m'aiment et à tous ceux que vous aimez.

Mlle. Renou est bien sensible à votre bon souvenir, et vous salue très-humblement.

Le 24 mars 1768.

J'ai répondu, mon cher hôte, à votre n°. 6, et il me semble que cette réponse auroit dû vous être parvenue avant le départ de votre n°. 7; mais, n'ayant ni mémoire pour me rappeler les dates, ni soin pour suppléer à ce défaut, je ne puis rien affirmer, et je laisse un peu notre correspondance au hasard, comme toutes les choses de la vie, qui, tout bien compté, ne valent pas la sollicitude qu'on prend pour elles. J'approuve cependant très-fort que vous n'ayez pas la même indifférence, et que vous vous pressiez de vouloir mettre en règle nos affaires pécuniaires; je vous avoue même que sur ce point je n'avois consenti à laisser les choses comme elles sont restées, que parce qu'il me sembloit, qu'à tout prendre, ce qui demeuroit dans vos mains valoit bien ce qui a passé dans les miennes.

Je n'ai point prétendu, non plus que vous, annuller en partie l'arrangement que nous avions fait ensemble, mais en entier, et vous avez dû voir par ma précédente lettre, que la chose ne peut être autrement. Il s'ensuit de cette résiliation, comme vous avez vu dans mon mémoire, que je vous reste débiteur des cent louis que j'ai reçus de vous, et qu'il faut que je vous restitue, puisque, outre le recueil de tous mes écrits et papiers, qui est entre vos mains, et dont il ne s'agit plus, vous ne croyez pas devoir vous permettre de prendre cette somme sur les trois cents louis que vous avez reçus de milord Maréchal; j'avois cru, moi, l'y pouvoir assigner, parce qu'enfin si ces trois cents louis appartenoient à quelqu'un, c'étoit à moi, depuis que milord Maréchal m'en avoit fait présent, que même il me les avoit voulu remettre, et que c'étoit à mon instante prière qu'il avoit cherché à m'en constituer la rente par préférence. Vous avez la preuve de cela dans les lettres qu'il m'a écrites à ce sujet, et qui sont entre vos mains avec les autres. D'ailleurs, il me sembloit que sans rien changer à la destination de cette rente, quatre ou cinq ans, dont une partie est déjà écoulée, suffisoient pour acquitter ces cent louis. Ainsi, vous laissant nanti de toutes manières, je ne songeois guères à ce remboursement actuel, en quoi j'avois tort ; car il est clair que tous ces raisonnemens, bons pour moi, ne pouvoient avoir pour vous la même force.

Bref, j'ai reçu de vous cent louis qu'il faut vous restituer, rien n'est plus clair ni plus juste. Il reste à voir, mon cher hôte, par quelle voie vous voulez que je vous rembourse cette somme. n'ai pas des banquiers à mes ordres, et je ne puis vous la faire tenir à Neuchâtel ; mais je puis, en nous arrangeant, vous la faire payer à Paris, à Lyon ou ici : choisissez, et marquez-moi votre décision. J'attends là-dessus vos ordres, et je pense que plutôt cette affaire sera terminée, et mieux ce sera.

Pour vous punir de ne rien dire de précis sur votre santé, je ne vous dirai rien de la mienne. Dans votre précédente lettre vous étiez content de votre estomac et de votre état, à la goutte près, à laquelle vous devez être accoutumé. Dans celle-ci vous trouvez chez vous la nature en décadence. Pourquoi cela ? Parce que vous êtes sourd et goutteux ; mais il y a vingt ans que vous l'êtes, et votre état n'est empiré que pour avoir à toute force voulu guérir. On ne meurt point de la surdité, et l'on ne meurt guères de la goutte que par sa faute. Mais vous aimez à vous affubler la tête d'un drap mortuaire ; et, d'ici à l'âge de quatre-vingts ans que vous êtes fait pour atteindre, vous passerez votre vie à faire des arrangemens pour la mort. Croyez-moi, mon cher hôte, tenez votre ame en état de ne la pas craindre; du reste, laissez-la venir quand elle voudra, sans lui faire l'honneur de tant songer à elle, et soyez sûr que vos héritiers sauront bien arranger vos papiers, sans vous tant tourmenter pour leur en épargner la peine.

Je suis bien obligé à M. Panckouke de vouloir bien songer à moi dans la distribution de sa traduction de Lucrèce. Je la lirois avec plaisir, si je lisois quelque chose; mais vous auriez pu lui dire que je ne lis plus rien. D'ailleurs, je ne vois pas pourquoi vous voulez lui indiquer M. Coindet. Son confrère Guy étoit plus à sa portée. Vous devez savoir que je n'aime pas extrêmement que M. Coindet se donne tant de peine pour mes affaires ; et, si j'en étois le maître, il ne s'en donneroit plus du tout.

Mlle. Renou vous remercie de vos bonnes amitiés, et vous fait les siennes; mettez-nous l'un et l'autre aux pieds de la bonne maman. Je compte répondre à Mme. Deluze dans ma première lettre; je salue M. Jeannin, et vous embrasse, mon cher hôte, de tout mon cœur.

Je vais aujourd'hui dîner à Gisors, où je suis attendu, et je compte y porter moi-même cette lettre à la poste. Comme il faut tout prévoir, à votre exemple, et que je puis mourir d'apoplexie, au cas que vous n'ayez plus de mes nouvelles par moi-même, adressez-vous à ceux qui seront en possession de ce que je laisse ici, ils vous paieront vos cent louis. Adieu.

―――

A Trye, le 29 avril 1768.

Notre correspondance, mon cher hôte, prend un tour si peu consolant pour des cœurs attristés, qu'il faut du courage pour l'entretenir dans l'état où nous sommes; et, le courage qui donne de l'activité, n'a jamais été mon fort. Maintenant, prendre une plume est presqu'au-dessus de mes forces. J'aimerois autant avoir la massue d'Hercule à manier. Ajoutez que l'état où m'arrivent vos lettres me fait voir qu'elles ont bien des inspecteurs, avant de me parvenir; il en doit être à peu près de même des miennes, et tout cela n'est pas bien encourageant pour écrire.

L'état dans lequel vous vous sentez est vraiment cruel, d'autant plus que la cause n'en est pas claire, et qu'il n'est pas clair non plus, selon moi, lequel des deux a le plus besoin de traitement de la tête ou du corps. Depuis ce qui s'est passé ici durant votre maladie, et durant votre convalescence; depuis que je vous ai vu faire à la hâte votre testament, et vous presser de mettre ordre à vos affaires, tandis que vous vous rétablissiez à vue d'œil; depuis la singulière façon dont je vous ai vu traiter en toute chose avec celui qui n'avoit que vous d'ami sur la terre, qui n'avoit de confiance qu'en vous seul, qui n'aimoit encore la vie que pour la passer avec vous, avec celui enfin dont vous étiez la dernière et la seule espérance; je vous avoue qu'en résumant tout cela, je me trouve forcé de conclure de deux choses l'une, ou que dans tous les temps j'ai mal connu votre cœur, ou qu'il s'est fait de terribles changemens dans votre tête : comme la dernière opinion est plus honnête et plus vraisemblable, je m'y tiens, et, cela posé, je ne puis m'empêcher de croire que cette tête un peu tracassée, a une très-grande part dans le dérangement de votre machine; et, si cela est, je tiens votre mal incurable, parce qu'une ame aussi peu expansive que la vôtre ne peut trouver au dehors aucun remède au mal qu'elle se fait à soi-même. Il se peut très-bien, par exemple, que l'affoiblissement de votre vue ne soit que trop réel, et qu'à force d'avoir voulu rétablir vos oreilles, vous ayez nui à vos yeux. Cependant, si j'étois près de vous, je voudrois, par une inspection scrupuleuse de vos yeux, et sur-tout du gauche, voir si quelque altération extérieure annonce celle que vous sentez; et je vous avoue que si je n'appercevois rien au dehors, j'aurois un fort soupçon que le mal est plus à l'autre extrémité du nerf optique qu'à celle qui tapisse le fond de l'œil. Je vous dirois, consultez sur vos yeux quelqu'un qui s'y connoisse, si ce n'étoit vous exposer à donner votre confiance à gens qui ont intérêt à vous tromper. Tâchez de voir, mon bon ami, c'est tout ce que je puis vous dire. Vous voilà, ou je me trompe fort, dans le cas où la foi guérit, dans le cas où il faut dire au boiteux: *Charge ton petit lit, et marche.*

Toutes les explications dans lesquelles vous

entrez sur nos affaires sont admirables assurément. Mais elles n'empêchent pas, ce me semble, qu'ayant nettement refusé de vous rembourser de vos cent louis sur l'argent qui vous a été remis par milord Maréchal, il ne s'ensuive avec la dernière évidence qu'il faut, ou que je tire de ma poche ces cent louis, pour vous les rendre, ou que je vous en reste débiteur. Or, je ne veux point vous rester débiteur, et il ne seroit pas honnête à vous de vouloir m'y contraindre. Si donc vous persistez à ne pas vouloir vous rembourser des cent louis sur l'argent qui vous a été remis pour moi, il faut bien de nécessité que vous les receviez de moi.

Vous me dites à cela que vous ne pouvez rien changer à la destination de la somme qui vous a été remise, sans le gré du constituant. Fort bien ; mais, si, comme il pourroit très-bien arriver, le constituant ne vous répond rien, que ferez-vous ? Refuserez-vous de vous rembourser de ces cent louis, parce que je ne veux pas recevoir les deux cents autres ? Vous m'avouerez qu'un pareil refus seroit un peu bizarre, et qu'il est difficile de voir pourquoi vous serez plus embarrassé de deux cents louis que de trois cents. Vous me pressez de vous répondre cathégoriquement, si je veux recevoir la rente viagère, oui ou non. Je vous réponds à cela que si vous refusez de vous rembourser sur le capital, je la recevrai jusqu'à la concurrence du paiement des cent louis que je vous dois; que si vous exigez pour cela que je m'engage à la recevoir encore dans la suite, c'est, ce me semble, usurper un droit que vous n'avez point. Je la recevrai, mon cher hôte, jusqu'à ce que vous soyez payé; après cela, je verrai ce que j'aurai à faire; enfin, si vous persistez à vouloir des conditions pour l'avenir, je persiste à n'en vouloir point faire, et vous n'avez qu'à tout garder. Bien entendu qu'aussitôt que la somme qui vous a été remise pour moi, par milord Maréchal, lui sera restituée, il faudra bien qu'à votre tour vous receviez la restitution des cent louis.

Tout ce que vous me dites sur la solemnité nécessaire dans la rupture de notre accord, et sur les raisons que nous aurons à donner de cette rupture, me paroît assez bizarre. Je ne vois pas à qui nous serons obligés de rendre compte d'un traité fait entre nous seuls, qui ne regardoit que nous seuls, et de sa rupture. Je ne crois pas vos héritiers assez méchans, si je vous survis, pour vouloir me forcer, le poignard sur la gorge, à recevoir une rente dont je ne veux point. Et, supposant que je fusse obligé de dire pourquoi j'ai dû rompre cet accord, je vous trouve là-dessus des scrupules d'une tournure à laquelle je n'entends rien. On diroit, en vérité, que vous voulez vous faire envers moi un mérite des ménagemens que j'avois la délicatesse d'avoir pour vous. Ah! par ma foi, c'en est trop aussi, et il n'est pas permis à une cervelle humaine d'extravaguer à ce point. Prenez votre parti là-dessus, mon cher hôte, et dites hautement tout ce que vous aurez à dire. Pour moi, je vous déclare que désormais je ne m'en ferai pas faute, et que j'ai déjà commencé. Ma conduite là-dessus sera simple, comme en toutes choses ; je dirai fidèlement ce qui s'est passé, rien de plus : chacun concluera ensuite comme il jugera à propos.

On dit que les affaires de votre pays vont très-mal; j'en suis vraiment affligé à cause de beaucoup d'honnêtes gens à qui je m'intéresse. On prétend aussi que M. de Voltaire m'accuse d'avoir brûlé la salle de la comédie à Genève. Voilà, sur mon Dieu, encore une autre accusation, dont très-assurément je ne me défendrai pas. Il faut avouer que depuis mon voyage d'Angleterre, me voilà travesti en assez joli garçon. Ma foi, c'est trop faire le rôle d'Héraclite ; je crois qu'à bien peser la manière dont on mène les hommes, je finirai par rire de tout. Adieu, mon cher hôte, je vous embrasse.

———

A Trye, le 10 juin 1768.

Je vois, mon cher hôte, que nos discussions, au lieu de s'éclaircir, s'embrouillent. Comme je n'aime pas les chicanes, je reviens à cette affaire aujourd'hui pour la dernière fois. Je trouve le desir que vous avez de la mettre en règle fort raisonnable ; mais je ne vois pas que vous preniez les moyens d'en venir à bout.

En exécution d'un accord entre nous, qui n'existe plus, j'ai reçu de vous cent louis, qu'il faut, par conséquent, que je vous restitue. Vous avez, de votre côté, le dépôt de mes écrits, tant imprimés que manuscrits, de toutes mes lettres et papiers, tous les matériaux nécessaires pour écrire ma triste vie, dont le commencement vous est aussi parvenu. Vous avez de plus reçu trois cents louis de milord Maréchal, pour le capital d'une rente viagère dont il m'a fait le présent.

Dans cet état, j'ai cru, et j'ose croire encore, pouvoir acquitter ces cent louis avec ce qui reste entre vos mains, quoique je renonçasse à la rente viagère ; et cette renonciation, loin d'être un obstacle à cet arrangement, devoit le favoriser, parce que, prenant cette somme sur le capital ou sur la rente, à votre choix, j'acceptois avec respect et reconnoissance cette partie du don de milord Maréchal, et que ce ne pouvoit pas être à vous de me dire : *acceptez le tout ou rien*.

Je vous proposai donc premièrement de prendre ces cent louis sur le capital. A cela vous m'objectâtes que vous ne pouviez rien changer à la destination de ce fonds, sans le consentement de celui qui vous l'avoit remis. Le consentement de milord Maréchal vous ayant donc paru nécessaire, n'a cependant point été obtenu, par la raison qu'il n'a point été demandé. Ainsi, voilà un obstacle.

Je vous proposai ensuite de laisser subsister la rente viagère jusqu'à ce que ces cent louis fussent acquittés, sauf à voir après comment on feroit; et cet arrangement étoit d'autant plus naturel, qu'étant usé de chagrins, de maux, et déjà sur l'âge, ma mort, dans l'intervalle, pouvoit dénouer la difficulté. Vous n'avez fait aucune réponse à cet article, qui n'avoit besoin du consentement de personne, puisqu'il n'étoit que l'exécution fidèle des intententions du constituant.

Mais, au lieu de ce second article, sur lequel vous n'avez rien dit, voici une difficulté nouvelle que vous avez élevée sur le premier. Je la transcris ici mot pour mot de votre lettre.

Observez que vous n'êtes pas le seul intéressé dans cette affaire, et que la rente est réversible à une autre personne après vous, et cela pour les deux tiers. Cette considération seule doit, ce me semble, décider la question entre nous.

C'étoit-là, mon cher hôte, une observation qu'il m'étoit difficile de faire, puisque cet article de votre lettre est la première nouvelle que j'aie jamais eue de cette prétendue réversion. Cette clause, il est vrai, faisoit partie du traité qui étoit entre vous et moi, mais elle n'avoit rien de commun, que je sache, avec la constitution de milord Maréchal ; et, si elle eût existé, il n'est pas concevable que ni lui, ni vous ne m'en eussiez jamais dit un seul mot. Elle n'est pas même compatible avec la quotité de la somme constituée, attendu qu'une telle clause, vous rendant la rente plus onéreuse, eût exigé un fonds plus considérable, et milord Maréchal est trop galant homme pour vouloir être généreux à vos dépens. Ainsi, à moins que je n'aie la preuve péremptoire de cette réversion, vous me permettrez de croire qu'elle n'existe pas, et que, par défaut de mémoire, vous avez confondu une clause du traité annullé avec une constitution de rente, où il n'en a jamais été question.

Je dirai plus : quand même cette clause existeroit réellement, loin d'empêcher l'exécution de l'arrangement proposé, elle en lèveroit les difficultés et le favoriseroit pleinement ; car, ôtez du capital les cent louis que j'assigne pour votre remboursement, reste précisément le capital des 400 liv. de rente que vous pouvez payer dès à présent à celles à qui elles sont destinées, comme si j'étois déjà mort. Cette solution répond à tout.

Mais je crains que, puisque vous voilà en

train de scrupules, vous n'en ayez tant, que notre arrangement définitif ne soit pas prêt à se faire. Pour moi, je vous déclare que non-seulement rien ne me presse, mais que je consens de tout mon cœur à laisser toujours les choses sur le pied où elles sont, croyant, dans cet état, pouvoir en sûreté de conscience ne pas me regarder comme votre débiteur.

Quant à mes écrits et papiers qui sont entre vos mains, ils y sont bien ; permettez que je les y laisse, résolu de ne les plus revoir et de ne m'en remêler de ma vie. Ce recueil, s'il se conserve, deviendra précieux un jour ; s'il se démembre, il s'y trouve suffisamment d'ouvrages manuscrits pour en tirer d'un libraire le remboursement des avances que vous m'avez faites. Si vous prenez ce parti, j'exige ou que rien ne paroisse de mon vivant, ou que rien ne porte mon nom, ni présent, ni passé. Au reste, il n'y a pas un de ces écrits qui soit suspect en aucune manière, et qui ne puisse être imprimé à Paris, même avec privilège et permission. Le parti qui me conviendroit le mieux, je vous l'avoue, seroit que tout fût livré aux flammes, et c'est même ce que je vous prie instamment et positivement de faire. Si vous voyez enfin quelque moyen de vous rembourser de vos avances sur le fonds qui est entre vos mains, que je n'entende plus parler de ces malheureux papiers, je vous en supplie; que je n'aie plus d'autre soin que de m'armer contre les maux que l'on me destine encore, et que de chercher à mourir en paix, si je puis. *Amen.*

Le tour qu'ont pris vos affaires publiques m'afflige, mais ne me surprend point. J'ai vu depuis long-temps, et je vous le dis ici dès votre arrivée, que le pays où vous êtes ne servoit que de prétexte à de plus grands projets, et c'est ce qui doit, en quelque façon, consoler ceux qui l'habitent; car, de quelque manière, qu'ils se fussent conduits, l'évènement eût été le même, et il n'en seroit arrivé ni plus ni moins. Vous avez eu le projet d'en sortir; je crois que ce projet seroit bon à exécuter, à tout risque, si vous aimez la tranquillité. Je sais que la bonne maman n'en sortiroit pas sans peine; mais il y a eu déjà des spectacles qui devroient aider à la déterminer. Je regretterois pour elle et pour vous votre maison, ce beau lac, votre jardin; mais la paix vaut mieux que tout, et je sais cela mieux que personne, moi qui fais tout pour elle, et qui ne me rebute pas même par l'impossibilité certaine de l'obtenir.

A propos de jardin, avez-vous fait semer dans le vôtre ma graine d'*apocyn*; j'en ai fait semer et soigner ici sur couche et sous cloche, et j'ai eu toutes les peines du monde d'en sauver quelques pieds qui languissent; je crains qu'il n'en vienne aucun à bien. Je n'aurois jamais cru cette plante si difficile à cultiver. En revanche, j'ai semé dans le petit jardin du *carthamus lanatus* qui vient à merveille, des *medicagoscutellata* et *inlertexta*, qui sont déjà en fleurs, et dont je compte chaque jour les brins, les poils, les feuilles, avec des ravissemens toujours nouveaux. Je suis occupé maintenant à mettre en ordre un très-bel herbier, dont un jeune homme est venu ici me faire présent, et qui contient un très-grand nombre de plantes étrangères et rares, parfaitement belles et bien conservées. Je travaille à y fondre mon petit herbier que vous avez vu, et dont la misère fait mieux ressortir la magnificence de l'autre. Le tout forme dix grands cartons ou volumes *in-folio*, qui contiennent environ quinze cents plantes, près de deux mille en comptant les variétés. J'y ai fait faire une belle caisse pour pouvoir l'emporter par-tout commodément avec moi. Ce sera désormais mon unique bibliothèque; et, pourvu qu'on ne m'en ôte pas la jouissance, je défie les hommes de me rendre malheureux désormais. Je suis obligé à M. d'Escherny de son souvenir, et suis fort aise d'apprendre de ses nouvelles. Comme je ne me suis jamais tenu pour brouillé avec lui, nous n'avons pas besoin de raccommodement. Du reste, je serai toujours fort aise de recevoir de lui quelque signe de vie, sur-tout quand vous serez son médiateur pour cela.

———

A Lyon, le 6 juillet 1768.

Je comptois, mon cher hôte, vous accuser la réception de votre réponse par mon amie Mme. Boy de la Tour; mais je n'ai pu trouver un moment pour vous écrire avant son départ; et même à présent, prêt à partir pour aller herboriser à la grande Chartreuse avec belle et bonne compagnie botaniste que j'ai trouvée et recrutée en ce pays, je n'ai que le temps de vous envoyer un petit bonjour, bien à la hâte.

Mlle. Renou a reçu à Trye beaucoup de lettres pour moi, parmi lesquelles je ne doute point que celles que vous m'écriviez ne se trouve; mais, comme le paquet est un peu gros, et que j'attends l'occasion de le faire venir, s'il y a, dans ce que vous me marquiez, quelque chose qui presse, vous ferez bien de me le répéter ici. Si, comme je le desirois, et comme je le desire encore, vous avez pris le parti de brûler tous mes livres et papiers, j'en suis, je vous jure, dans la joie de mon cœur; mais, si vous les avez conservés, il y en a quelques-uns, je l'avoue, que je ne serois pas fâché de revoir, pour remplir, par un peu de distraction, les mauvais jours d'hiver, où mon état et la saison m'empêchent d'herboriser. Celui surtout qui m'intéresseroit le plus, seroit le commencement du roman intitulé *Emile et Sophie*, ou *les Solitaires*. Je conserve pour cette entreprise un foible que je ne combats pas, parce que j'y trouverois, au contraire, un spécifique utile pour occuper mes momens perdus, sans rien mêler à cette occupation qui me rappelât les souvenirs de mes malheurs, ni de rien qui s'y rapporte. Si ce fragment vous tomboit sous la main, et que vous puissiez me l'envoyer, soit le brouillon, soit la copie, par le retour de Mme. Boy de la Tour, cet envoi, je l'avoue, me feroit un vrai plaisir.

Comment va la goutte? comment va l'œil gauche? S'il n'empire pas, il guérira ; et je vois, avec grand plaisir, par vos lettres, qu'il va sensiblement mieux. Mon cher hôte, que n'avez-vous, en goût modéré, le quart de ma passion pour les plantes? Votre plus grand mal est ce goût solitaire et casanier qui vous fait croire être hors d'état de faire de l'exercice. Je vous promets que si vous vous mettiez tout de bon à vouloir faire un herbier, la fantaisie de faire un testament ne vous occuperoit plus guères. Que n'êtes-vous des nôtres? Vous trouveriez dans notre guide et chef, M. de la Tourette, un botaniste aussi savant qu'aimable, qui vous feroit aimer les sciences qu'il cultive. J'en dis autant de M. l'abbé Rosier, et vous trouveriez dans M. l'abbé de Grange - Blanche et dans votre hôte, deux condisciples plus zélés qu'instruits, dont l'ignorance auprès de leurs maîtres mettroit souvent à l'aise votre amour-propre.

Adieu, mon cher hôte, nous partons demain dans le même carrosse tous les quatre, et nous n'avons pas plus de temps qu'il ne nous en faut le reste de la journée, pour rassembler assez de porte-feuilles et de papiers pour l'immense collection que nous allons faire. Nous ne laisserons rien à moissonner après nous ; je vous rendrai compte de nos travaux. Je vous embrasse : vous pouvez continuer à m'écrire chez M. Boy de la Tour.

———

'A Bourgoin, le 26 septembre 1768.

Je ne sais pourquoi vous vous imaginez qu'il a fallu, pour me marier, quitter le nom que je porte; ce ne sont pas les noms qui se marient, ce sont les personnes; et, quand dans cette simple et sainte cérémonie les noms entreroient comme partie constituante, celui que je porte auroit suffi, puisque je n'en reconnois plus d'autre. S'il s'agissoit de fortune et de biens qu'il fallût assurer, ce seroit autre chose; mais vous savez très-bien que nous ne sommes, ni elle, ni moi, dans ce cas-là; chacun des deux est à l'autre, avec tout son être et son avoir : voilà tout.

Pour vous mettre au fait de l'histoire de l'honnête Thévenin, je prends le parti de vous faire passer, par M. Boy de la Tour, copie d'une lettre que j'écrivis, il y a huit jours, au commandant de notre province, et qui contient la relation d'une entrevue que j'ai eue avec ce malheureux qui ne m'a point connu, mais qui s'étoit précautionné là-dessus d'avance, en disant qu'il ne reconnoîtroit point ledit R., s'il le voyoit. A l'égard du temps, Thévenin disoit d'abord dix ans, mais ensuite il a rapproché l'époque, et il la laisse assez vague pour qu'elle puisse cadrer à tout. Les anacronismes et les contradictions ne lui font rien du tout, attendu qu'à toutes les objections qu'on peut lui faire, il a cette réponse péremptoire, qu'il est trop honnête homme et trop bon chrétien pour vouloir tromper ; ce qui n'a pourtant pas empêché cet honnête homme et ce bon chrétien d'être ci-devant condamné aux galères, comme je l'ai appris de M. Roguin. Au reste, je n'ai aucune réponse ni de M. Guyenet, ni d'aucun de ceux à qui j'ai écrit au Val-de-Travers, ce qui peut venir de l'adresse que je leur ai donnée, savoir celle de M. le comte de Tonnerre, commandant du Dauphiné, qui permettoit que pour plus de sûreté je lui fisse adresser mes lettres, et jusqu'ici il me les avoit fait passer très-fidèlement; mais, depuis une quinzaine de jours, il est en campagne, et je n'ai plus de lui ni lettres ni réponses.

Pouviez-vous espérer, mon cher hôte, que la liberté se maintiendroit chez vous malgré le voisinage, vous qui devez savoir qu'il ne reste plus nulle part de liberté sur la terre, si ce n'est dans le cœur de l'homme juste, d'où rien ne la peut chasser? Il me semble aussi, je l'avoue, que vos peuples n'usoient pas de la leur en hommes libres, mais en gens effrénés. Ils ignoroient trop, ce me semble, que la liberté, de quelque manière qu'on en jouisse, ne se maintient qu'avec de grandes vertus. Ce qui me fâche d'eux, est qu'ils avoient d'abord les vices de la licence, et qu'ils vont tomber maintenant dans ceux de la servitude. Par-tout excès : la vertu seule, dont on ne s'avise jamais, feroit le milieu.

Recevez mes remercîmens des papiers que vous avez remis à notre amie, et qui pourront me donner quelque distraction, dont j'ai grand besoin. Je vous remercie aussi des plantes que vous aviez chargé Gagnebin de recueillir, quoiqu'il n'ait pas rempli votre intention. C'est de cette bonne intention que je vous remercie; elle me flatte plus que toutes les plantes du monde. Les tracas éternels qu'on me fait souffrir me dégoûtent un peu de la botanique, qui ne me paroît un amusement délicieux, qu'autant qu'on peut s'y livrer tout entier. Je sens que pour peu que l'on me tourmente encore, je m'en détacherai tout à fait. Je n'ai pas laissé pourtant de trouver en ce pays quelques plantes, sinon jolies, au moins nouvelles pour moi. Entr'autres, près de Grenoble, l'*osyris* et le *thérébinthe*; ici le *cenchrus racemosus*, qui m'a beaucoup surpris, parce que c'est un gramen maritime; l'*hypopitis*, plante parasite qui tient de l'orobanche, le *crepis fœtida*, qui sent l'amende amère à pleine gorge, et quelques autres que je ne me rappelle pas en ce moment. Voilà, mon cher hôte, plus de botanique qu'il n'en faut à votre stoïque indifférence. Vous pouvez m'écrire en droiture ici sous le nom de Renou. J'ai grand peur, s'il ne survient quelque amélioration dans mon état et dans mes affaires, d'être réduit à passer avec ma femme tout l'hiver dans ce cabaret, puisque je ne trouve pas sur la terre une pierre pour y poser ma tête.

Bourgoin, 2 octobre 1768.

Quelle affreuse nouvelle que vous m'apprenez, mon cher hôte, et que mon cœur en est affecté! Je ressens le cruel accident de votre pauvre maman comme elle, ou plutôt comme vous, et c'est tout dire. Une jambe cassée est un malheur que mon père eut, étant déjà vieux, et qui lui arriva de même en se promenant, tandis que dans ses terribles fatigues de chasse, qu'il aimoit à la passion, jamais il n'avoit eu le moindre accident. Sa jambe guérit très-facilement et très-bien, malgré son âge, et j'espérerois la même chose de Mme. la commandante, si la fracture n'étoit dans une place où le traitement est incomparablement plus difficile et plus douloureux. Toutefois avec beaucoup de résignation, de patience, de temps, et les soins d'un homme habile, la cure est également possible, et il n'est pas déraisonnable de l'espérer; c'est tout ce qu'il m'est permis de dire dans cette fatale circonstance, pour notre commune consolation. Ce malheur fait aux miens une diversion bien funeste, mais réelle pourtant, en ce qu'aux sentimens des maux de ceux qui nous sont chers, se joint l'impression tendre de notre attachement pour eux, qui n'est jamais sans quelque douceur, au lieu que le sentiment de nos propres maux; quand ils sont grands et sans remède, n'est que sec et sombre; il ne porte aucun adoucissement avec soi. Vous n'attendez pas de moi, mon cher hôte, les froides et vaines sentences des gens qui ne sentent rien ; on ne trouve guères pour ses amis les consolations qu'on ne peut trouver que pour soi-même. Mais cependant, je ne puis m'empêcher de remarquer que votre affliction ne raisonne pas juste, quand elle s'irrite par l'idée que ce triste évènement n'est pas dans l'ordre des choses attachées à la condition humaine. Rien, mon cher hôte, n'est plus dans cet ordre, que les accidens imprévus qui troublent, altèrent et abrègent la vie. C'est avec cette dépendance que nous sommes nés, elle est attachée à notre nature et à notre constitution ; s'il y a des coups que l'on doive endurer avec patience, ce sont ceux qui nous viennent de l'inflexible nécessité, et auxquels aucune volonté humaine n'a concouru. Ceux qui nous sont portés par les mains des méchans sont, à mon gré, beaucoup plus insupportables, parce que la nature ne nous fit pas pour les souffrir. Mais c'est déjà trop moraliser. Donnez-moi fréquemment, mon cher hôte, des nouvelles de la malade, dites-lui souvent aussi combien mon cœur est navré de ses souffrances, et combien de vœux je joins aux vôtres pour sa guérison.

J'ai reçu par M. le comte de Tonnerre une lettre du lieutenant Guyenet, laquelle m'en promet une autre que j'attends pour lui faire mes remercîmens. A présent, ledit Thévenin est bien convaincu d'être un imposteur. M. de Tonnerre, qui m'avoit positivement promis toute protection dans cette affaire, me marque qu'il lui imposera silence. Que dites-vous de cette manière de rendre justice ? C'est comme si, après qu'un homme auroit pris ma bourse, au lieu de me la faire rendre, on lui ordonnoit de ne me plus voler. En toute chose, voilà comment je suis traité.

A Bourgoin, le 30 octobre 1768.

Voici, j'espère, la dernière fois que j'aurai à vous parler du sieur Thévenin, dont je n'entends plus parler moi-même. Après les preuves péremptoires que j'ai données à M. de Tonnerre de la fourberie de cet imposteur, il en a bien fallu convenir à la fin, et il m'a offert de le punir par quelques jours de prison, comme si le but de tous les soins que j'ai pris et que j'ai donnés à ce sujet, étoit le châtiment de ce misérable. Vous croyez bien que je n'ai pas accepté. L'imposteur étant convaincu, rien n'étoit plus aisé que de le faire parler et de remonter peut-être à la source de ce complot profondément ténébreux dont je suis la victime depuis plusieurs années, et dont je dois l'être jusqu'à ma mort. Je me le tiens pour dit, et prenant enfin mon parti sur les manœuvres des hommes, je les laisserai désormais ourdir et tramer leurs iniquités, certain, quoi qu'ils puissent faire, que le temps et la vérité seront plus forts qu'eux. Ce qu'il me reste de toute cette affaire est un tendre souvenir des soins que mes amis ont bien voulu se donner en cette occasion, pour confondre l'imposture, et je suis en particulier très-sensible à l'activité de M. Guyenet, dont je n'avois pas le même droit d'en attendre, et avec qui je n'étois plus en relation. J'apprends qu'il commence à se ranger, et je m'en réjouis de tout mon cœur, pour le bonheur de son excellente petite femme et le sien. Je finis, mon cher hôte, un peu à la hâte, en vous embrassant, au nom de ma femme et au mien. J'embrasse M. Jeannin.

A Bourgoin, le 19 décembre 1768.

Ce que vous me marquez de la fin de vos brouilleries avec la cour me fait grand plaisir, et j'en augure que vous pourrez encore vivre agréablement où vous êtes, et où vous êtes retenu par des liens d'attachement qu'il n'est pas dans votre cœur de rompre aisément. Il me semble que le roi se conduit réellement en très-grand roi, lorsqu'il veut premièrement être le maître, et puis être juste. Vous penserez qu'il seroit plus grand et plus beau de vouloir transposer cet ordre ; cela peut être, mais cela est au-dessus de l'humanité, et c'est bien assez pour honorer le génie et l'ame du plus grand prince, que le premier article ne lui fasse pas négliger l'autre. Si Frédéric ratifie le rétablissement de tous vos privilèges, comme je l'espère, il aura mérité de vous le plus bel éloge que puisse mériter un souverain, et qui l'approche de Dieu même, celui qu'Armide faisoit de Godefroi de Bouillon.

> Tu, cui concesse il cielo e diel, ti il fato,
> Voler il giusto, e poter cio che vuoi.

Je m'imagine que si les députés qu'en pareil cas vous lui enverrez probablement, pour le remercier, lui récitoient ces deux vers pour toute harangue, ils ne seroient pas mal reçus.

Je suis bien touché de la commission que vous avez donnée à Gagnebin : voilà vraiment un soin d'amitié, un soin de ceux auxquels je serai toujours sensible, parce qu'ils sont choisis selon mon cœur, et selon mon goût. Je dois certainement la vie aux plantes ; ce n'est pas ce que je leur dois de bon; mais je leur dois d'en couler encore avec agrément quelques intervalles au milieu des amertumes dont elle est inondée : tant que j'herborise, je ne suis pas malheureux, et je vous réponds que si l'on me laissoit faire, je ne cesserois tout le reste de ma vie d'herboriser du matin au soir. Au reste, j'aime mieux que le recueil de M. Gagnebin soit très-petit, et qu'il ne soit pas composé de plantes communes que l'on trouve par-tout ; je ne vous dissimulerai même pas que j'ai déjà beaucoup de plantes alpines et des plus rares; cependant, comme il y en a encore un très-grand nombre qui me manquent, je ne doute pas qu'il ne s'en trouve dans votre envoi, qui me feront grand plaisir par elles-mêmes, outre celui de les recevoir de vous. Par exemple, quoique je sois assez riche en gentianes, il y en a une que je n'ai pu trouver encore, et que je convoite beaucoup, c'est la grande *gentiane pourprée*, la seconde en rang du *Species* de Linnœus. J'ai le *tozzia alpina Linn*, mais il y manque la racine, qui est la partie la plus curieuse de cette plante, d'ailleurs difficile à sécher et conserver. J'ai l'*uva ursi* en fruit, mais je ne l'ai pas en fleur. J'ai l'*azalea procumbens ;* mais il me manque d'autres beaux *chamamododendros* des Alpes. Je n'ai qu'un misérable petit *androsace*. Je n'ai pas le *cortusa matthioli*, etc. La liste de ce que j'ai seroit longue, celle de ce qui me manque plus longue encore : mais, si vous vouliez m'envoyer celle de ce que vous enverra Gagnebin, j'y pourrois noter ce qui me manque, afin que le reste étant superflu dans mon herbier, pût demeurer dans le vôtre. Je me suis ruiné en livres de botanique, et j'avois bien résolu de n'en plus acheter; cependant je sens que, m'affectionnant aux plantes des Alpes, je ne puis me passer de celui de Haller. Vous m'obligerez de vouloir bien me marquer exactement son titre, son prix, et le lieu où vous l'avez trouvé; car la France est si barbare encore en botanique, qu'on n'y trouve presqu'aucun livre en cette science, et j'ai été obligé de faire venir à grands frais, de Hollande et d'Angleterre, le peu que j'en ai, encore ai-je cherché par-tout ceux de Clusius sans pouvoir les trouver.

Voilà bien du bavardage sur la botanique, dont je vois avec regret que vous avez tout à fait perdu le goût; cependant, puisque vous avez un peu fêté mon *apocyn*, j'ai grande envie de vous envoyer quelques graines de l'arbre de soie et de la pomme de canelle, qu'on m'a dernièrement apportée des îles. Quand vous commencerez à meubler votre jardin, je suis jaloux d'y contribuer. Bonjour, mon cher hôte, nous vous embrassons et vous saluons l'un et l'autre de tout notre cœur.

A Bourgoin, le 12 janvier 1769.

Permettez, mon cher hôte, que dans l'impossibilité où me met un grand mal d'estomac, accompagné d'enflure, d'étouffement et de fièvre, d'écrire moi-même, j'emprunte le secours d'une autre main, pour vous marquer combien je suis touché de la continuation de vos alarmes sur le triste état de Mme. la commandante. Je vous avoue que depuis que j'eus l'honneur de la voir un peu de suite à Cressier, je jugeai sur plusieurs signes que son sang, très-sain d'ailleurs, tenoit d'une humeur scorbutique, et vous savez que c'est un des effets du scorbut de rendre les os très-fragiles; mais en même-temps, cette humeur surabondante rend les calus très-faciles à former. Ainsi le remède, à quelqu'égard, suit le mal; il n'y a que des mouvemens bien lians, bien doux, tels qu'elle sera forcée de les faire, qui puissent prévenir pareils accidens à l'avenir. Son état forcé sera presque celui où elle seroit obligée de se tenir volontairement à l'avenir, pour prévenir d'autres fractures, quand même elle n'en auroit point eu jusqu'ici. Le mien, mon cher hôte, me dispense de tant de prévoyance, et je crois que la nature ou les hommes me laissent voir de plus près le repos auquel j'avois inutilement aspiré jusqu'ici. Accoutumé à l'air subtil des montagnes, je puis juger que l'air marécageux du pays que j'habite, et les mauvaises eaux que l'on est forcé d'y boire, ont contribué à me mettre dans cet état. Si j'avois eu plus de force et de moyens, que ma santé fût moins désespérée, je tâcherois d'aller travailler à la rétablir dans quelque habitation plus convenable à mon tempérament. Mais le mal me paroît sans remède, je suis très-foible, c'est une grande fatigue pour moi de me transplanter; ainsi j'ignore encore si j'en aurai l'occasion, le courage, et si j'y serai à temps; s'il arrivoit que je fusse privé du plaisir de vous écrire davantage, vous pourrez toujours avoir des nouvelles de ma femme, et lui donner des vôtres, comme j'espère que vous voudrez bien faire par la voie de Lyon.

Quant à ce qui est entre vos mains, et qui peut être completté par ce qui est dans celles de la dame à la marmelade de fleur d'orange, je vous laisse absolument le maître d'en disposer après moi de la manière qui vous paroîtra la plus favorable aux intérêts de ma veuve, à ceux de ma filleule, et à l'honneur de ma mémoire.

Il n'y a pas d'apparence, mon cher hôte, qu'il soit désormais beaucoup question de botanique; ainsi, vos plantes des Alpes et le livre que vous y vouliez joindre, ne seront probablement plus de saison, quand même je resterois comme je suis, ce qui me paroît impossible, puisque je ne saurois actuellement me baisser, ni mettre mes souliers moi-même; ce qui n'est pas une bonne disposition pour herboriser. D'ailleurs, la fièvre, et même assez forte, me rend si foible, qu'il faut dans peu qu'elle s'en aille, ou que je m'en aille. Je ne puis pas vous dire encore lequel sera des deux.

Depuis cette lettre écrite, mon cher hôte, je me sens mieux, et assez bien pour pouvoir, sans beaucoup d'incommodité, y joindre un mot de ma main; mais ma pauvre femme à son tour est tombée malade, et ma chambre est un hôpital. Comme je suis persuadé que réellement l'air de ce lieu nous est pernicieux à l'un et à l'autre, je suis déterminé, sitôt qu'elle sera en état de souffrir le transport, d'aller nous établir à une lieue d'ici, sur la hauteur, en très-bon air, dans une maison abandonnée, mais où le gentilhomme à qui elle appartient veut bien me faire accommoder un petit logement. Adieu, mon cher hôte, nous vous embrassons l'un et l'autre de tout notre cœur; offrez nos respects et nos vœux à la maman, et nos amitiés à M. Jeannin.

A Bourgoin, 18 janvier 1769.

J'apprends, mon cher hôte, par le plus singulier hasard, qu'on a imprimé à Lausanne un des chiffons qui sont entre vos mains, sur cette question, *quelle est la première vertu du héros?* Vous croyez bien que je comprends qu'il s'agit d'un vol ; mais comment ce vol a-t-il été fait, et par qui ? vous qui êtes si soigneux, et sur-tout des dépôts d'autrui! J'ai des engagemens qui rendent de pareils larcins de très-grande conséquence pour moi. Comment donc ne m'avez-vous point du moins averti de cette impression? De grâce, mon cher hôte, tâchez de remonter à la source, de savoir comment et par qui ce t. c. a été imprimé. Je vis dans la sécurité la plus profonde sur les papiers qui sont entre vos mains; si vous souffrez que je perde cette sécurité, que deviendrai-je? Mettez-vous à ma place, et pardonnez l'importunité.

J'ai cru mourir cette nuit. Le jour je suis moins mal. Ce qui me console, est que de semblables nuits ne sauroient se multiplier beaucoup. Ma femme qui a été fort mal aussi se trouve mieux. Je me prépare à déloger pour aller, dans le séjour élevé qui m'est destiné, chercher un air plus pur que celui qu'on respire dans ces vallées. Je suis très-inquiet de l'état de Mme. la commandante, et par conséquent du vôtre. Mon cher hôte, donnez-moi, je vous prie, des nouvelles de tous deux le plutôt que vous pourrez. Je vous embrasse.

A Monquin, le 28 février 1769.

Je suis sur ma montagne, mon cher hôte, où mon nouvel établissement et mon estomac me rendent pénible d'écrire, sans quoi je n'aurois pas attendu si long-temps à vous demander de fréquentes nouvelles de Mme. la commandante, jusqu'à l'entière guérison dont sur votre pénultième lettre l'espoir se joint au desir.

Pour moi, mon état n'est pas empiré depuis que je suis ici, mais je souffre toujours beaucoup. J'ai eu tort de ne pas vous marquer le rétablissement de Mme. Renou, qui n'a tenu le lit que peu de jours; mais imaginez ce que c'étoit que d'être tous deux en même-temps presqu'à l'extrémité dans un mauvais cabaret.

Il n'y a pas eu moyen de tirer de Fréron le manuscrit sur lequel le discours en question a été imprimé ; mais je vois par ce que vous me marquez que la copie furtive en a été faite avant les corrections qui, cependant, sont assez anciennes. Elles n'empêchent pas que l'ouvrage ainsi corrigé ne soit un misérable t. c.; jugez ce qu'il doit être dans l'état où ils l'ont imprimé. Ce qu'il y a de pis, est que Rey et les autres ne manqueront pas de l'insérer en cet état dans le recueil de mes écrits. Qu'y puis-je faire? Il n'y a point de ma faute. Dans l'état où je suis, tout ce qu'il reste à faire, quand tous les maux sont sans remède, est de rester tranquille, et de ne plus se tourmenter de rien.

M. Séguier, célèbre par le *Planta Veronensis*, que vous avez peut-être ou que vous devriez avoir, vient de m'envoyer des plantes qui m'ont remis sur mon herbier et sur mes bouquins. Je suis maintenant trop riche pour ne pas sentir la privation de ce qui me manque. Si, parmi celles que vous promet le *Parolier*, pouvoient se trouver la grande *gentiane pourprée*, le *thora valdensium*, l'*épimedium* et quelques autres, le tout bien conservé et en fleurs, je vous avoue que ce cadeau me feroit le plus grand plaisir; car je sens que malgré tout, la botanique me domine. J'herboriserai, mon cher hôte, jusqu'à la mort, et au delà; car, s'il y a des fleurs aux Champs-Élysées, j'en formerai des couronnes pour les hommes vrais, francs, droits, et tels qu'assurément j'avois mérité d'en trouver sur la terre. Bonjour, mon très-cher hôte, mon estomac m'avertit de finir avant que la morale me gagne, car cela me mèneroit loin. Mon cœur vous suit aux pieds du lit de la bonne maman. J'embrasse le bon Jeannin.

A Monquin, le 31 mars 1769.

Votre dernière lettre sans date, mon cher hôte, a bien vivement irrité les inquiétudes où j'étois déjà sur l'état tant de Mme. la commandante que sur le vôtre. Je vois que vous en êtes au point de ne pas même craindre le retour de la goutte, comme une diversion de la douleur du corps pour celle de l'ame. Cela m'apprend ou me confirme bien combien tous les systêmes philosophiques sont foibles contre la douleur tant de l'un que de l'autre, et combien la nature est toujours la plus forte aussitôt qu'elle fait sentir son aiguillon. Il n'y a pas six mois que, pour m'armer contre ma foiblesse, vous me souteniez que, hors les remords inconnus aux gens de votre espèce, les peines morales n'étoient rien, qu'il n'y avoit de réel que le mal physique, et vous voilà, foible mortel ainsi que moi, appelant, pour ainsi dire, ce même mal physique à votre aide contre celui que vous souteniez ne pas exister. Mon cher hôte, revenons-en donc pour toujours, vous et moi, à cette maxime naturelle et simple de commencer par être toujours bien avec soi, puis, au surplus, de crier tout bonnement, et bien fort, quand on souffre, et de se taire quand on ne souffre plus. Car tel est l'instinct de la nature et le lot de l'être sensible. Faisons comme les enfans et les ivrognes qui ne se cassent jamais ni jambes ni bras quand ils tombent, parce qu'ils ne se roidissent point pour ne pas tomber, et revenons à ma grande maxime de laisser aller le cours des choses tant qu'il n'y a point de notre faute, et de ne jamais regimber contre la nécessité.

Monquin, 21 avril 1769.

Que votre situation, mon cher hôte, me navre! Que je vous trouve à plaindre, et que je vous plains ainsi que votre digne et infortunée mère! Mais vous êtes sans contredit le plus à plaindre des deux; tant qu'elle voit son fils tendre et bien portant auprès d'elle, elle a dans ses terribles maux des consolations bien douces; mais vous, vous n'en avez point. Elle peut encore aimer sa vie, et vous, vous devez soigner la vôtre parce qu'elle lui est nécessaire. Ce n'est pas une consolation pour vous, mais c'est un devoir qui doit vous rendre bien sacré le soin de vous-même.

Vous me demandez conseil sur ce que vous devez lui dire au sujet du choix que vous vous êtes fait. Personne ne peut vous donner ce conseil que vous-même, parce que personne ne peut prévoir, comme vous, l'effet que cette déclaration peut faire sur son esprit; car, sans contredit, vous ne devez rien lui dire dans son triste état que vous ne sachiez devoir lui être agréable et consolant. Vous êtes convaincu, me dites-vous, que ce choix lui fera plaisir; cela étant, je ne vois pas pourquoi vous balanceriez. Mais vous n'avez pas le courage, ajoutez-vous, de lui en parler de but en blanc dans son état? Eh bien! parlez-lui-en par forme de consultation plutôt que de déclaration. Cette déférence ne peut que lui plaire et la toucher; et, dût-elle ne pas approuver votre choix, vous n'en restez pas moins le maître de passer outre sans la contrister, lorsque le ciel aura disposé d'elle. Voilà tout ce que la raison et le tendre intérêt que je prends à l'un et à l'autre me prescrit de vous dire à ce sujet.

J'ai le cœur si plein de vous et de votre cruelle situation, que je n'ai pas le courage de vous parler de moi; et tout ce que j'ai de bon à vous en dire est que ma santé continue d'aller assez bien. Faites parler mon cœur avec le vôtre auprès de votre bonne maman. Mille amitiés au bon Jeannin. Nous vous embrassons, Mme. Renou et moi, de tout notre cœur.

Ce 19 mai 1769.

J'apprends votre perte, mon cher hôte, et je la sens bien. Mais ce n'est pas une perte récente à laquelle vous ne fussiez pas préparé. Je ne voudrois pour vous en consoler que le détail que vous me faites de l'état de la défunte. Il y avoit long-temps qu'elle avoit cessé de vivre, elle n'a fait que cesser de souffrir, et vous de partager ses souffrances. Il n'y a pas là de quoi s'affliger. Mais votre perte pour être ancienne en quelque sorte, n'en est pas moins réelle et pas moins irréparable; et voilà sur quoi doivent tomber vos regrets; vous avez un véritable ami de moins, et un ami qui ne se remplace pas. Puissiez-vous n'avoir jamais plus à le pleurer dans la suite que vous ne le pleurez aujourd'hui! Mais telle est la loi de la nature; il faut baisser la tête et se résigner.

La nature qui se ranime me ranime aussi. Je reprends des forces et j'herborise. Le pays où je suis seroit très-agréable, s'il avoit d'autres habitans; j'avois semé quelques plantes dans le jardin, on les a détruites. Cela m'a déterminé à n'avoir plus d'autre jardin que les prés et les bois. Tant que j'aurai la force de m'y promener, je trouverai du plaisir à vivre; c'est un plaisir que les hommes ne m'ôteront pas, parce qu'il a sa source en-dedans de moi.

Ce 12 juin 1769.

Recevez, mon cher hôte, mes félicitations et celles de Mme. Renou, sur votre mariage; nous faisons l'un et l'autre les vœux les plus sincères pour que vous y trouviez et que vous y rendiez à votre épouse ce rare et précieux bonheur qui en fait un lien céleste et sans lequel il n'est qu'une chaîne de misère; car il n'y a point de milieu. Elle nous a paru fort aimable à l'un et à l'autre, et d'un fort bon caractère, autant que nous en avons pu juger sur une connoissance aussi superficielle. Nous apprendrons avec joie que le jugement avantageux que nous en avons porté est confirmé par votre expérience. Vous avez, mon cher hôte, une grande et belle tâche à remplir. La sienne est plus grande et plus belle encore. Si elle la remplit, comme le choix d'un homme sensé nous le fait espérer, elle méritera l'estime et le respect de toute la terre, et c'est un tribut que nos cœurs lui paieront avec plaisir.

Le ressentiment de goutte dont vous paroissez menacé nous tient en peine sur l'état présent de votre santé. Donnez-m'en des nouvelles, je vous prie. Ménagez-la, c'est un soin que votre état rend très-nécessaire. Nous vous embrassons l'un et l'autre, et vous prions de faire agréer nos salutations à Mme. du Peyrou.

A Nevers, le 21 juillet 1769.

Je n'aurois pas tardé si long-temps, mon cher hôte, à vous remercier du livre de M. Haller, et à vous en accuser la réception, sans mon départ un peu précipité, pour venir rendre mes devoirs à mon ancien hôte de Trye, tandis qu'il se trouvoit rapproché de moi. Après huit jours de séjour en cette ville, je compte en repartir demain pour Lyon, et de là pour Monquin, où j'ai laissé Mme. Renou, et où j'espère trouver de vos nouvelles, n'en ayant pas eu depuis votre mariage, au bonheur duquel vous ne doutez pas, je m'en flatte, de l'intérêt vif et vrai que prend votre concitoyen. Je ne doute pas que l'habitation de la campagne ne tire en ce moment un nouveau charme de celle avec qui vous la partagez, et que vous n'y repreniez même le goût de l'herborisation, ne fût-ce que pour lui offrir des guirlandes mieux assorties. J'aurois bien voulu pouvoir y joindre de très-jolies fleurs que j'ai trouvées sur ma route ; ce beau pays, peu connu des botanistes, est abondant en belles plantes, dont j'aurois enrichi mon herbier si j'avois eu l'esprit de porter avec moi un portefeuille. Je ne puis vous parler encore du catalogue de M. Gagnebin, à qui j'en fais, ainsi qu'à vous, bien des remercîmens, non plus que du Haller, n'ayant fait que parcourir bien rapidement l'un et l'autre. J'ai déjà dans mon herbier une grande partie des plantes que contient le premier ; et, quant à l'autre, je le trouve imprimé avec une extrême négligence et plein de fautes impardonnables, j'entends fautes d'impression. Il ne laissera pas pour cela de m'être toujours précieux par lui-même et par la main dont il me vient. Adieu, mon cher hôte; mes hommages, je vous supplie, à votre chère épouse, et mes amitiés à M. Jeannin. Je vous embrasse de tout mon cœur.

Monquin, le 12 août 1769.

De retour ici, mon cher hôte, de Nevers, d'où je vous ai écrit une lettre qui j'espère vous sera parvenue, j'y ai trouvé la vôtre du 9 juillet, où je vois et sens en la lisant les douloureuses incisions que vous avez souffertes, et qui ont abouti à vous tirer du tuf du bout des doigts. Voilà, je l'avoue, une manière d'escamoter dont je n'avois pas l'idée. Comment peut-on avoir du tuf dans le bout des doigts? Cela me passe, et j'aimerois autant, pour la vraisemblance, l'histoire de cet homme qui vomissoit des canifs et des écritoires. Mais enfin, là où le vrai parle, la vraisemblance doit se taire, et puisqu'il faut convenir qu'il peut y avoir du tuf là où il s'en trouve, je suis toujours fort aise que vous soyez délivré de celui-là, et que vos douleurs de goutte en soient soulagées.

Vous voulez que je vous parle à mon tour de ma santé ; j'ai peu de chose à vous en dire. Mon voyage m'a extrêmement fatigué par la chaleur, la poussière et la voiture ; mais, chemin faisant, j'ai vu des plantes nouvelles qui m'ont amusé, et après quelques jours de repos me voilà prêt à repartir demain pour aller herboriser sur le mont Pila avec M. le gouverneur de Bourgoin, et quelques autres messieurs à qui je tâche de persuader qu'ils aiment la botanique, et qui en effet y ont fait quelque progrès. Notre pélerinage doit être de sept ou huit jours, et toujours pédestre, comme celui que nous fîmes ensemble à Bienne. La première journée d'ici à Vienne, est très-forte pour moi, qui d'ailleurs ne me sens pas extrêmement bien, et il faut que je compte beaucoup sur le bien que me font ordinairement les voyages pédestres, pour ne pas renoncer à celui-là. Mais, après avoir mis la partie en train, la rompre seroit à moi de mauvaise grâce, et j'aime mieux courir quelques risques que paroître trop inconstant. Je compte à mon retour trouver ici de vos nouvelles, et apprendre que votre singulière opération vous a en effet délivré d'une attaque de goutte, comme vous l'avez espéré.

Votre Haller me fait toujours grand plaisir, mais je le trouve toujours plus rempli de fautes d'impression. La moitié des phrases de Linnœus qu'il cite, sont estropiées, et un très-grand nombre de chiffres des tables et citations sont faux, de sorte qu'on ne sait presque où aller chercher tout ce qu'il indique; j'ai vu peu de livres aussi considérables imprimés si négligemment. Le catalogue de M. Gagnebin est exact, net, mais sans ordre, de sorte qu'on ne sait comment y chercher la plante dont on a besoin. Au reste, l'un et l'autre de ces deux ouvrages peut donner des instructions utiles, dont je profite de mon mieux en pensant à vous. Quand je serai revenu de Pila (si j'en reviens heureusement), je vous marquerai ce que j'y aurai trouvé de plus ou de moins que dans le catalogue de M. Gagnebin.

Monquin, le 16 septembre 1769.

Je n'aurois pas attendu, mon cher hôte,

votre ettre du 5 septembre pour répondre à celle du 6 août, si à mon retour du mont Pila je ne me fusse foulé la main droite par une chûte qui m'en a pendant quelque temps gêné l'usage. Je suis bien charmé de n'apprendre votre accès de goutte qu'à votre convalescence ; c'est une grande consolation, quand on souffre, d'attendre ensuite de longs intervalles, durant lesquels on ne souffrira plus ; et je ne suis pas surpris que les tendres soins de votre aimable Henriette fassent une assez grande diversion à vos souffrances pour vous les laisser beaucoup moins sentir. Vous devez vous trouver trop heureux de gagner à son service des accès de goutte dans lesquels vous êtes servi par ses mains. Vous êtes assurément bien faits, l'un pour donner, l'autre pour sentir tout le prix des soins du plus pur zèle et de la plus tendre amitié ; mais cependant, aux charmes près qu'elle seule y peut ajouter, des soins de cette espèce ne doivent pas être absolument nouveaux pour vous. Je suis plus que flatté, je suis touché qu'elle se souvienne avec plaisir de notre ancienne connoissance. J'aurois été trop heureux de pouvoir la cultiver ; mais les attachemens fondés sur l'estime, tels que celui que j'ai conçu pour elle, n'ont pas besoin de l'habitude de se voir pour s'entretenir et se renforcer. Fût-elle beaucoup moins aimable, les respectables devoirs qu'elle remplit si bien près de vous la rendent trop estimable à tout le monde, pour ne la pas rendre chère aux honnêtes gens, et sur-tout à vos amis. A l'égard des échecs, malgré tout ce que vous me dites de son habileté, vous me permettrez de douter que ce soit le jeu auquel elle joue le mieux; et, si jamais j'ai le plaisir de faire une partie avec elle, je lui dirai, et de bien bon cœur, ce que je disois jadis à un grand prince : « Je vous honore trop » pour ne pas gagner toujours. »

Vous aviez grande raison, mon cher hôte, d'attendre la relation de mon herborisation de Pila; car, parmi les plaisirs de la faire, je comptois beaucoup sur celui de vous la décrire. Mais les premiers ayant manqué me laissent peu de quoi fournir à l'autre. Je partis à pied avec trois messieurs, dont un médecin, qui faisoient semblant d'aimer la botanique, et qui, desirant me cajoler, je ne sais pourquoi, s'imaginèrent qu'il n'y avoit rien de mieux pour cela que de me faire bien des façons. Jugez comment cela s'assortit, non-seulement avec mon humeur, mais avec l'aisance et la gaîté des voyages pédestres. Ils m'ont trouvé très-maussade, je le crois bien; ils ne disent pas que c'est eux qui m'ont rendu tel. Il me semble que malgré la pluie nous n'étions point maussades à Brot ni les uns ni les autres. Premier article. Le second est que nous avons eu mauvais temps presque durant toute la route; ce qui n'amuse pas quand on ne veut qu'herboriser, et que, faute d'un certaine intimité, l'on n'a que cela pour point de ralliement et pour ressource. Le troisième est que nous avons trouvé sur la montagne un très-mauvais gîte. Pour lit, du foin ressuant et tout mouillé, hors un seul matelas rembourré de puces, dont, comme étant le Sancho de la troupe, j'ai été pompeusement gratifié. Le quatrième des accidens de toute espèce : un de nos messieurs a été mordu d'un chien sur la montagne. Sultan a été demi-massacré d'un autre chien, il a disparu, je l'ai cru mort de ses blessures ou mangé du loup; et, ce qui me confond, est qu'à mon retour ici, je l'ai trouvé tranquille et parfaitement guéri, sans que je puisse imaginer comment, dans l'état où il étoit, il a pu faire douze grandes lieues et sur-tout repasser le Rhône qui n'est pas un petit ruisseau, comme disoit du Rhin M. Chazeron. Le cinquième article, et le pire, est que nous n'avons presque rien trouvé étant allés trop tard pour les fleurs, trop tôt pour les graines, et n'ayant eu nul guide pour trouver les bons endroits. Ajoutez que la montagne est fort triste, inculte, déserte, et n'a rien de l'admirable variété des montagnes de Suisse. Si vous n'étiez pas devenu un profane, je vous ferois ici l'énumération de notre maigre collection, je vous parlerois du *meum*, de l'*oreille d'ours*, du *doronic*, de la *bistorte*, du *napel*, du *thimelca*, etc. Mais j'espère que quand M. d'Escherny, qui a appris la botanique en trois jours, sera près de vous, il vous expliquera tout cela. Parmi toutes les plantes alpines très-communes, j'en ai trouvé trois plus curieuses qui m'ont fait grand plaisir. L'une est l'*onagra* (*œnothera biennis*) que j'ai trouvée aux bords du Rhône, et que j'avois déjà trouvée à mon voyage de Nevers au bord de la Loire. La seconde est le *laiteron bleu* des Alpes, *sonchus Alpinus*, qui m'a fait d'autant plus de plaisir que j'ai eu peine à le déterminer, m'obstinant à le prendre pour une laitue; la troisième est le *lichen Islandicus* que j'ai d'abord reconnu aux poils courts qui bordent les feuilles. Je vous ennuie avec mon pédant étalage; mais si votre Henriette prenoit du goût pour les plantes, comme mon foin se transformeroit bien vîte en fleurs! Il faudroit bien alors, malgré vous et vos dents, que vous devinssiez botaniste.

———

A Monquin, le 15 novembre 1769.

Ne parlons plus de botanique, mon cher hôte ; quoique la passion que j'avois pour elle n'ait fait qu'augmenter jusqu'ici, quoique cette innocente et aimable distraction me fût bien nécessaire dans mon état, je la quitte, il le faut, n'en parlons plus. Depuis que j'ai commencé de m'en occuper, j'ai fait une assez considérable collection de livres de botanique, parmi lesquels il y en a de rares et de recherchés par les botanophiles qui peuvent donner quelque prix à cette collection. Outre cela j'ai fait sur la plupart de ces livres un grand travail par rapport à la synonymie, en ajoutant à la plupart des descriptions et des figures le nom de Linnœus. Il faut s'être essayé sur ces sortes de concordances pour comprendre la peine qu'elles coûtent, et combien celle que j'ai prise peut en éviter à ceux à qui passeront ces mêmes livres, s'ils en veulent faire usage. Je cherche à me défaire de cette collection qui me devient inutile, et difficile à transporter. Je voudrois qu'elle pût vous convenir, et je ne désespère pas, quand vous aurez un jardin de plantes, que vous ne repreniez le goût de la botanique qui, selon moi, vous seroit très-avantageux. En ce cas vous auriez une collection toute faite qui pourroit vous suffire et que vous formeriez difficilement aussi complette en détail. Ainsi j'ai cru devoir vous la proposer avant que d'en parler à personne. J'en vais faire le catalogue. Voulez-vous que je vous le fasse passer?

A Monquin, 7 janvier 1770.

Excusez, mon cher hôte, le retard de ma réponse. Je ne vous ai jamais promis de l'exactitude, encore moins de la diligence; et j'ai maintenant une inertie plus grande qu'à l'ordinaire par la rigueur de la saison et par le froid excessif de ma chambre où, le nez sur un feu presqu'aussi ardent que ceux que vous faisiez faire à Trye, je ne puis garantir mes doigts de l'onglée.

J'ai prévu et je vous ai prédit tout ce qui vous arrive au sujet de votre bâtiment, et dans le fond autant vaut qu'il vous occupe qu'autre chose ; si c'est un tracas, c'est aussi un amusement. C'est d'ailleurs la charge de votre état, il faut opter dans la vie entre être pauvre ou être affairé ; trop heureux d'éviter un troisième état que je connois bien, c'est d'être à la fois l'un et l'autre.

Grand merci, mon cher hôte, de la subite velléité qui vous prend de m'avoir auprès de vous. J'ai vu le temps que l'exécution de ce projet eût fait le bonheur de ma vie ; et, si ce temps n'est plus, ce n'est assurément pas ma faute. Vous m'exhortez à vous traiter tout à fait en étranger ou tout à fait en ami ; l'alternative me paroît dure, car votre exemple ne m'a pas laissé le choix, et votre cachet m'avertit sans cesse que nos deux ames ne sauroient jamais se monter au même ton. Vous voulez que nous fassions un saut en arrière de trois ou quatre ans ; vous voilà bien leste avec votre goutte; pour moi je ne me sens pas si dispos que cela; et, quand je pourrois me résoudre à faire ce saut une fois, je voudrois du moins être sûr de n'en avoir pas dans trois ou quatre ans un second à faire. Je vous avoue naturellement, que si ce saut étoit en mon pouvoir, je ne le ferois pas seulement de trois, mais de huit.

Tout cela dit, je ne vous dissimulerai point que j'effacerai difficilement de mes souvenirs le douce idée que je m'étois faite d'achever paisiblement mes jours près de vous. J'avoue même que l'aimable hôtesse que vous m'avez donnée me rend cette idée infiniment plus riante. Si je pouvois lui faire ma cour au point de vous rendre jaloux du pauvre barbon, cela me paroîtroit fort plaisant et sur-tout fort agréable; et croyez, mon cher hôte, vous aurez beau vous vanter d'en vouloir courir les risques, je vous connois, votre mine stoïque est admirable, mais seulement tant que vous êtes loin du danger.

Votre conseil de ne point renoncer subitement et absolument à la botanique me paroît de fort bon sens, et je prends le parti de le suivre. Il est contre la nature de la chose de se prescrire ou de s'interdire d'avance un choix dans ses amusemens. Quand le dégoût viendra, je cesserai d'herboriser; quand le goût reviendra, je recommencerai jusqu'à ce qu'il me quitte de rechef. Il est déjà revenu. Des plantes qu'on m'a envoyées et des correspondances de botanique me l'ont rendu, et je doute qu'il s'éteigne jamais tout à fait. Cela n'empêchera pourtant pas que je ne me défasse de mes livres et même de mon herbier; et, si vous voulez tout de bon vous accommoder de l'un et de l'autre, je serai charmé qu'ils tombent entre vos mains qui, quoi que vous en disiez, ne seront jamais pour moi des mains tout à fait étrangères. Le desir que j'avois de vous envoyer le catalogue est une des causes qui ont retardé cette lettre. Le grand froid ne me permet pas, quant à présent, ce bouquinage; et, puisque vous ne voulez pas encore avoir ces livres, rien ne presse. Mais vous ne serez pas oublié, et vous aurez la préférence que vous avez l'honnêteté de me demander, et qui en devient réellement une, car depuis ma dernière lettre on m'a demandé cette collection.

A Monquin, 17 $\frac{28}{2}$ 70.

Pauvres aveugles que nous sommes !
Ciel ! démasque les imposteurs,
Et force leurs barbares cœurs
A s'ouvrir aux regards des hommes.

Vous me marquez, mon cher hôte, que votre rôle est passif vis-à-vis de moi, que l'habitude a dû vous le rendre familier, et que ma réponse vous prouve cette vérité affligeante pour l'humanité, que les battus paient encore l'amende. Ce qui veut dire que c'est vous qui êtes le battu, et que c'est vous qui payez l'amende.

Qu'entre nous votre rôle soit passif et le mien actif, voilà, je vous avoue, ce qui me passe. Je ne vous propose jamais rien, je ne vous demande jamais rien, je ne fais jamais que vous répondre, je ne me mêle en aucune sorte de vos affaires, je n'ai avec personne aucune relation, ni secrète, ni publique qui vous regarde, je ne dispose de rien qui vous appartienne ; enfin, excepté un sentiment d'affection qui ne peut s'éteindre, je suis pour vous comme n'existant pas. En quel sens donc puis-je être actif vis-à-vis de vous ? Je le fus une fois, et bien vous en prit. Depuis lors je résolus de ne plus l'être. Je crois avoir tenu jusqu'ici cette résolution, et ne la tiendrai pas moins dans la suite. Expliquez-moi donc, je vous prie, comment vous êtes passif vis-à-vis de moi, car cela me paroît curieux à savoir ?

Dans votre précédente lettre, vous m'exhortez à un épanchement de cœur, en me disant de vous traiter tout à fait en ami ou tout à fait en étranger. Votre devise sur le cachet de cette même lettre m'avertissoit que vous vous faisiez gloire de n'avoir vous-même aucun de ces épanchemens de cœur auxquels vous m'exhortiez. Or, il me paroissoit injuste d'exiger dans l'amitié des conditions qu'on n'y veut pas mettre soi-même, et me dire que c'est traiter un homme en étranger que de ne pas s'ouvrir avec lui, c'étoit me dire assez clairement, ce me semble, en quel rang j'étois auprès de vous. Votre exemple a fait la règle de ma réponse. Si vous êtes le battu dans cette affaire, convenez au moins que je n'ai fait que vous rendre les coups que vous m'aviez donnés le premier.

Je n'avois pas besoin, mon cher hôte, de la note que vous m'avez envoyée pour être convaincu de votre exactitude dans les comptes.

Cette note me fait plaisir, en ce que j'y vois approcher le temps où nous serons tout à fait quittes, et vous me faites desirer de vivre au moins jusques là. Il n'est pas temps encore de parler des arrangemens ultérieurs, et tant de prévoyance n'entre pas dans mon tour d'esprit. Mais, en attendant, je suis sensible à vos offres, et il entre bien dans mon cœur, je vous assure, d'en être reconnoissant.

Comme je me propose de déloger d'ici dans peu, mon dessein n'est pas d'y laisser après moi mon herbier et mes livres de botanique; je compte prendre une charrette pour faire conduire le tout à Lyon, chez Mme. Boy de la Tour, où tout cela sera plus à portée de vous parvenir sans embarras. En emballant lesdits livres, j'en ferai le catalogue, et vous l'enverrai. Que ne puis-je les suivre auprès de vous! Je vous jure qu'il n'y a point de jour où l'idée d'aller être l'intendant de votre jardin de plantes et l'hôte de mon hôtesse, ne vienne encore chatouiller mon cœur. Mais je suis pourtant un peu scandalisé de ne point voir venir de petits hôtes qui lui aident un jour à me faire ses honneurs. Adieu, mon cher hôte, ma femme et moi vous saluons, et embrassons l'un et l'autre. Elle est presque percluse de rhumatismes. Notre demeure est ouverte à tous les vents, nous sommes presqu'ensevelis dans la neige, et nous ne savons plus comment ni quand cela finira. Adieu, de rechef.

Je signe, afin que vous sachiez désormais sous quel nom vous avez à m'écrire. Je n'ai pas besoin de vous avertir que le quatrain joint à la date est une formule générale qui n'a nul trait aux personnes à qui j'écris.

A Paris, (*post tenebras lux.*) 17 $\frac{5}{11}$ 70.

Vous avez raison, mon cher hôte, j'ai été bien négligent; mais je n'imaginois pas, je l'avoue, que vous ignorassiez si parfaitement mon séjour et mon adresse, qu'il vous fallût un voyage de Lyon pour vous en informer. Je ne savois pas non plus que vous fussiez malade; je voyois ici des gens de ma connoissance et de vos amis, qui me donnoient assez souvent de vos nouvelles, et m'assuroient toujours que vous vous portiez bien. Il n'y a qu'un guignon pareil au mien qui, tenant toujours sur ma piste mes ennemis, les inconnus, et tout le public, laisse mes amis seuls dans une si profonde ignorance sur cet article. Enfin, grâce à votre voyage et à vos perquisitions, vous êtes instruit et vous me donnez signe de vie ; je vous en remercie, et je m'en réjouis, ainsi que de votre rétablissement.

J'ai apporté mes livres et mon herbier par votre conseil même, et parce qu'en effet ils m'ont fait tant de bien dans mes malheurs, que j'ai résolu de ne m'en détacher qu'à la dernière extrémité ; votre intention, en les achetant, étoit de m'en laisser l'usage; c'est un procédé très-noble, mais dont il n'étoit pas dans mon tour d'esprit de me prévaloir. Du reste, leur destination n'est point changée; et, puisque vous m'avez demandé la préférence, selon toute apparence, ils ne tarderont pas beaucoup à vous revenir.

Si vous vous plaignez de mon peu d'exactitude, j'ai à me plaindre de l'excès de la vôtre. Pourquoi voulez-vous prendre des arrangemens positifs sur des suppositions, et m'envoyer un mandat sur vos banquiers sans savoir si je suis équitablement dans le cas de m'en prévaloir? Attendez du moins que de retour chez vous, vous puissiez vérifier par vous-même l'état des choses, et ne m'exposiez pas à recevoir dés paiemens avant l'échéance, à redevenir votre débiteur, sans en rien savoir. Il me semble aussi qu'il y auroit une sorte de bienséance à énoncer dans l'ordre à vos banquiers d'où me vient la rente dont il m'assigne le paiement, et qu'il ne suffit pas qu'on sache de moi quel est le donateur, si l'on ne le sait aussi de vous-même. J'espère, mon cher hôte, que vous ne verrez dans mes objections rien que de raisonnable, et que vous ne m'accuserez pas de chercher de mauvaises difficultés en vous renvoyant votre billet. Ainsi, je le joins ici sans scrupule.

Je suis plus fâché que vous de n'être pas à portée de profiter de la bienveillance et des bontés de ma chère hôtesse; mon éloignement de vos contrées n'est pas, comme vous le savez, une affaire de choix, mais de nécessité; et je ne la crois pas assez injuste pour me faire, ainsi que vous, un crime de mon malheur. Mais vous qui parlez, pourquoi, venant à Lyon, ne l'y avez-vous pas amenée? vous me mettez loin de mon compte, moi qu'on flattoit de vous voir tous deux cet hiver à Paris. Avec quel plaisir j'aurois renouvelé ma connoissance avec elle, et peut-être mon amitié avec vous ; car, quoi que vous en disiez, elle n'est point si bien éteinte qu'elle n'eût pu renaître encore, et votre Henriette, sage et bonne, comme je me la représente, eût été bien digne d'être le *medium junctionis*. Ma femme vous remercie, vous salue et vous embrasse. Comme votre souvenir la rend contente d'elle, et que je suis dans le même cas, nous ne cesserons jamais l'un et l'autre de penser à vous avec plaisir.

A Paris, 17 $\frac{25}{3}$ 71.

Jamais, mon cher hôte, un homme sage et ami de la justice, quelque preuve qu'il croie avoir, ne condamne un autre homme sans l'entendre, ou sans le mettre à portée d'être entendu. Sans cette loi, la première et la plus sacrée de tout le droit naturel, la société, sapée par ses fondemens, ne seroit qu'un brigandage affreux, où l'innocence et la vérité sans défense, seroient en proie à l'erreur et à l'imposture. Quoiqu'en cette occasion le sujet soit un peu moins grave, j'ai cependant à me plaindre que pour quelqu'un qui dit tant croire à la vertu, vous me jugiez si légèrement à votre ordinaire.

1º. Il n'y a que peu de jours que j'ai reçu votre lettre du 15 novembre, avec le billet sur vos banquiers qu'elle contenoit. Par une fraude des facteurs qui s'entendoient avec je ne sais qui, mes lettres ont resté plusieurs mois sans cours à la poste, et ce n'est qu'après un entretien avec un de ces messieurs qui me vint voir, que l'affaire fut éclaircie, que le grief fut redressé, et qu'on me promit que pareille chose n'arriveroit plus à l'avenir. En conséquence de ce redressement, on m'apporta toutes mes lettres, dont, vû l'énormité des ports, je ne retirai que la vôtre seule que je reconnus à l'écriture et au cachet. Il eût été malhonnête de faire usage de votre ordre sur vos banquiers avant de vous en accuser la réception, et mes occupations ne m'ayant pas laissé, depuis huit jours, le temps de vous écrire, avant d'avoir répondu à cette première lettre, j'ai reçu la seconde du 19 mars, avec le *duplicata* de votre billet, et cela m'a fait prendre le parti, toute chose cessante, de répondre sur le champ à l'une et à l'autre.

2°. La lettre que vous marquez m'avoir écrite par Mme. Boy de la Tour, ni par conséquent l'autre *duplicata* de votre ordre à vos banquiers, ne me sont point parvenus, ni aucune nouvelle de cette dame depuis très-long-temps. J'ignore la raison de ce silence, car elle savoit qu'il ne falloit pas m'écrire par la poste, et les voies sûres ne lui manquoient assurément pas.

3°. J'en pensois autant de vous, et je jugeai qu'ayant bien su me faire parvenir une lettre de M. Junet, sans un seul mot de votre part, ni verbal, ni par écrit, vous sauriez bien, quand vous le voudriez, employer, comme vous avez fait, la même voie pour vous-même. Voyant que vous n'en faisiez rien, je jugeois que vous n'aviez pas là-dessus beaucoup d'empressement, et un galant homme comme vous sentira bien, qu'en cette occasion, ce n'étoit pas à moi d'en avoir davantage.

4°. Je parlai toutefois de votre silence à M. d'Escherny, et de l'obstacle de la poste qui pouvoit être cause que je ne recevois point de vos lettres. J'ajoutai que la seule voie sûre et simple que vous aviez pour m'écrire, étoit d'adresser votre lettre sous enveloppe à quelqu'un résidant à Paris, pour me la faire tenir ; mais je ne parlerai de lui en aucune manière ; et, s'il s'est mis en avant, comme vous le marquez, il a pris le surplus sous son bonnet.

Voilà, mon cher hôte, l'exacte vérité ; si vous trouvez en tout cela quelque tort à me reprocher, vous m'obligerez de vouloir bien me l'indiquer. Pour moi, je ne vous en reproche ici d'autre que celui auquel je suis tout accoutumé, savoir la précipitation de vos jugemens avant d'avoir pris les mesures nécessaires pour savoir la vérité. Voilà cependant comment il faut que toutes mes lettres s'emploient en apologies, attendu que toutes les vôtres s'emploient en injustes griefs. C'est l'histoire abrégée de nos liaisons depuis plusieurs années. Je suis le lésé, et vous êtes le plaignant.

Votre compte, que vous m'avez envoyé tant de fois, me paroît très et trop en règle ; le mandat sur vos banquiers est aussi fort bien, et j'en ferai usage.

Je vous embrasse cordialement. Vous me proposez l'oubli de ce que vous appelez nos enfantillages. Je ne demande pas mieux, mais ce n'est pas de moi que la chose dépend : le souvenir fut votre ouvrage, il faut que l'oubli le soit aussi ; mais jusqu'ici vous ne vous y êtes assurément pas bien pris pour opérer cet effet.

A Paris, 2 juillet 1771.

J'ai été hier, mon cher hôte, chez vos banquiers recevoir l'année échue de ma pension de milord Maréchal : ce n'est pourtant pas uniquement pour vous donner cet avis que je vous écris aujourd'hui, mais pour vous dire qu'il y a long-temps que je n'ai reçu directement de vos nouvelles ; heureusement le libraire Rey qui vous a vu à Neuchâtel, m'en a donné de vous et de Mme. du Peyrou, d'assez bonnes pour m'ôter toute autre inquiétude que celle de votre oubli. Etes-vous enfin dans votre maison ? Est-elle entièrement achevée, et y êtes-vous bien arrangé ? Si, comme je le desire, son habitation vous donne autant d'agrément que son bâtiment vous a causé d'embarras, vous y devez mener une vie bien douce. Je me suis logé aussi l'automne dernière, moins au large et à un cinquième, mais assez agréablement selon mon goût, et en grand et bon air ; ce qui n'est pas trop facile dans le cœur de Paris. Si vous me donnez quelque signe de vie, je serois bien aise que vous me donnassiez des nouvelles de M. Roguin, mon bon et ancien ami, dont je sais que les incommodités sont fort augmentées depuis un an ou deux, et dont je n'ai aucunes nouvelles depuis long-temps. Nous vous prions, ma femme et moi, de nous rappeler au souvenir de Mme. du Peyrou, qui ne perdra jamais la place qu'elle s'est acquise dans le nôtre, ni les sentimens qui en sont inséparables. Le silence qu'en me parlant d'elle Rey a gardé sur sa santé, me fait espérer qu'elle est bien raffermie, ainsi que la vôtre. Pour moi, j'ai eu de grands maux de reins qui m'ont fait prendre le parti de travailler debout. Ma femme a eu de très-grands rhumes successifs; aux queues près de tout cela, nous nous portons maintenant assez bien l'un et l'autre, et nous vous saluons, mon cher hôte, de tout notre cœur.

FIN.

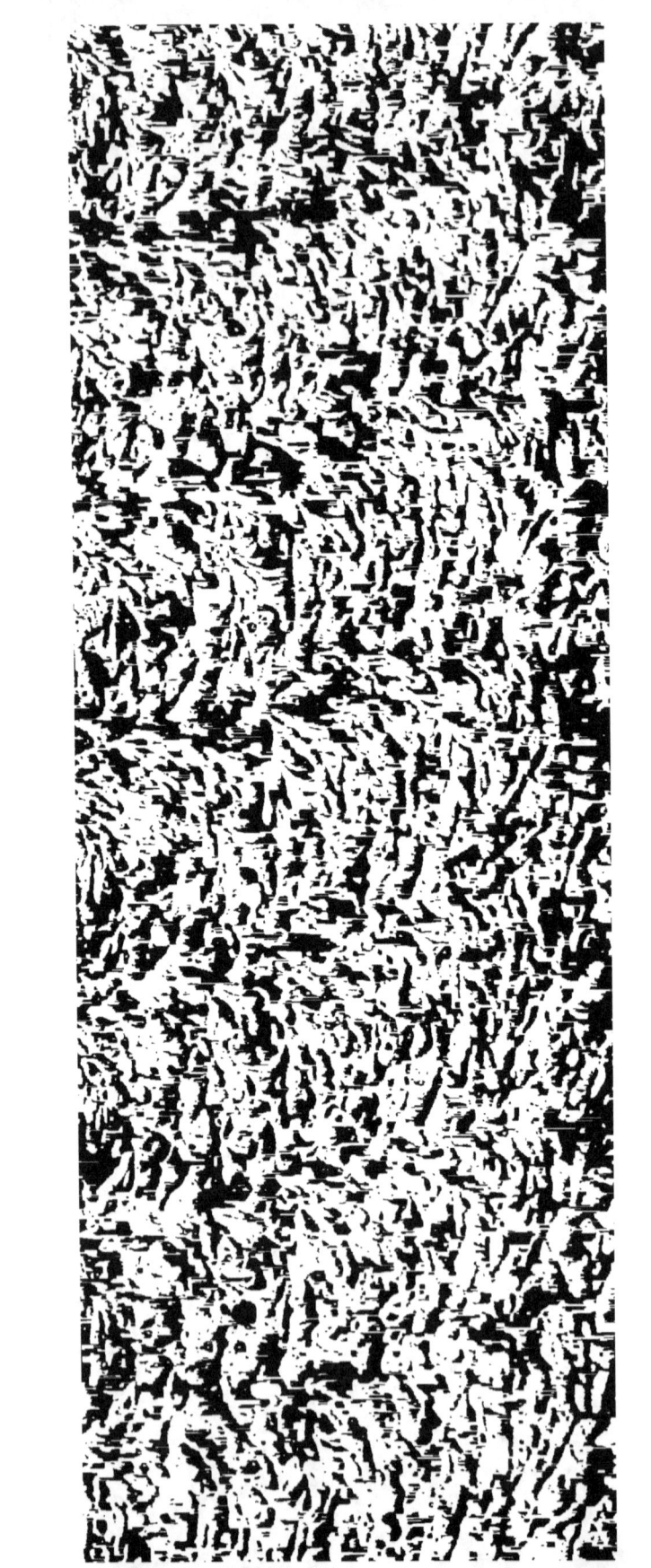

www.ingramcontent.com/pod-product-compliance
Lightning Source LLC
Chambersburg PA
CBHW052041230426
43671CB00011B/1748